Axel Reetz

Estland

Axel Reetz

Estland

Von der Sowjetrepublik zum baltischen Tiger

Bloggingbooks

Impressum / Imprint
Bibliografische Information der Deutschen Nationalbibliothek: Die Deutsche Nationalbibliothek verzeichnet diese Publikation in der Deutschen Nationalbibliografie; detaillierte bibliografische Daten sind im Internet über http://dnb.d-nb.de abrufbar.

Bibliographic information published by the Deutsche Nationalbibliothek: The Deutsche Nationalbibliothek lists this publication in the Deutsche Nationalbibliografie; detailed bibliographic data are available in the Internet at http://dnb.d-nb.de.

Coverbild / Cover image: www.ingimage.com

Verlag / Publisher:
Bloggingbooks
ist ein Imprint der / is a trademark of
AV Akademikerverlag GmbH & Co. KG
Heinrich-Böcking-Str. 6-8, 66121 Saarbrücken, Deutschland / Germany
Email: info@bloggingbooks.de

Herstellung: siehe letzte Seite /
Printed at: see last page
ISBN: 978-3-8417-7098-1

Vorwort ... 3
Land und Leute ... 5
„Ehstland" oder „Ästland" ... 5
Echte Namen ... 7
Schnee von gestern ... 8
Estland sieht sich selbst ... 9
Was ist das schon wieder: Kiiking? ... 10
Politik ... 12
Umfragen und parteipolitisches Poker vor Kommunalwahlen ... 12
Tallinner Bürgermeister stellt Kommunalwahlrecht in Frage ... 14
Kommunalwahlen, ganz normal ... 16
Die öffentliche Sache, Res Publica und Vaterlandsunion ... 20
Siim Kallas will was Neues anfangen ... 21
Wer folgt auf Präsident Ilves? ... 22
Estland und der Euro ... 24
Anerkennung für Leistungen Estlands ... 25
Wahlen in Estland 2011 ... 25
Estland vor Entscheidung politischer Kontinuität ... 29
Parlamentswahlen in Estland von der technischen Seite ... 31
Kaffeesatzlesen vor der estnischen Wahl ... 33
Eesti muutub Saksamaaks (Estland wird zu Deutschland) ... 34
Nun doch Wahlrechtsdiskussion in Estland ... 38
Zweifel an elektronischer Stimmabgabe ... 40
Ilves wiedergewählt - Estlands Stabilität ... 42
Spionageziel Estland ... 42
Jetzt also auch die Rechte Rußlandfreund? ... 46
Dudajew und Bin Laden ... 48
Estland kitzelt den russischen Bären ... 49
Welcher Este will wirklich nach Brüssel umziehen? ... 50
Oh Wunder, oh Volk, das mit seiner Regierung zufrieden ist ... 52
Heißes Eisen „Nordstream" ... 53
Estlands Politikverdrossenheit ... 55
Umfragen sehen Opposition in Estland vorn ... 57
Bündel von Versäumnissen ... 58
Gesellschaft ... 61
Leben und soziale Situation im Baltikum ... 61
Ethnische Minderheiten in den baltischen Staaten ... 65
Sillamäe - Synonym für sowjetischen Nachlaß ... 70
Jugend in Narva ... 78

Der „Bronzesoldat" wieder auf der Tagesordnung 79
Das vermeintliche EU Babel 82
Diskriminierung der Russen im Baltikum - alte Kamellen? 84
Ossi-Wessi-Konflikt auf Estnisch 86
Intolerantes Estland? 87
Überraschendes politisches Schauspiel um Geld 89
Grenzüberschreitungen - die geteilte Stadt Walk 90
Amokläufer nun auch für die Esten 94
Mit 20 schon kein „Baby" mehr 96
Estnische Frauen im Postsozialismus 98
Unglaublich! Unfaßbare Lebensrealität oder Phantasie und Fake? 103
Typisch baltischer Männermangel 105
Der ganz andere Meri 106
Der bekannte Unbekannte: Jaan Kross 107
„Ich habe im Leben immer Menschen getroffen, die mir halfen" 110
Keine Zukunft für ratternde Zugromatik 117

Vorwort

Verehrter an Estland interessierter Leser,

nachdem mein Blogbuch über Lettland 2012 erschienen ist, soll nun der Band über Estland folgen, der etwas schmaler ausfällt, weil die Entwicklung hier im selben Zeitraum bei weitem nicht so dramatisch war. Bei dem vorliegenden Band handelt es sich also gleichermaßen um ein Projekt, welches aus Einträgen in meinem Blog (http://axelreetz.blogspot.com/) zwischen Herbst 2007 und Frühjahr 2013 entstanden ist. Blogger sind verschieden. Manche betrachten das Internet-Tagebuch direkt als solches, andere weisen ihre Leser oft nur auf andere Quellen hin. In meinem Fall mit wissenschaftlichem und journalistischem Hintergrund versuche ich meist, in Struktur und Sprache dem Qualitätsjournalismus nachzueifern - meine Posts sollen Zeitungsartikeln gleichen. Dieses Ziel kann natürlich nur bedingt eingehalten werden, weil der Zeitaufwand für einen Post viel geringer ist.

Das hat zur Folge, daß sich Tippfehler einschleichen, von denen aus der online-Version im Vergleich zu diesem Papierprodukt etliche - ich hoffe die weitaus meisten - korrigiert wurden. Bei Eigennamen kann die Schreibweise inkonsequent sein. Manche Texte wiederum sind bewußt salopp formuliert, weil es sich bei einem Blog eben doch nicht um eine Qualitätszeitung handelt.

Die Struktur betreffend wurden die Einträge im Vergleich zum Internet umsortiert. Im Blog stehen alle Posts freilich immer mit Datum versehen streng chronologisch und der Leser kann via Labels oder Schubladen oder Ordner zu bestimmten Themen navigieren. Im Blog sind die einzelnen Texte auch oft miteinander verlinkt, wenn sie ein Thema behandeln oder es interessante Vergleiche gibt. Im Papierwerk habe ich die Texte zunächst nach übergeordneten Themen sortiert, das sind die Kapitel im Inhaltsverzeichnis. Innerhalb der Kapitel wurde eine chronologische Reihenfolge von den ältern hin zu den neueren Texten beibehalten, sofern nicht ein Thema mehrfach erwähnt wird. In diesen Fällen wurden die Artikel ungeachtet der Chronologie des Gesamtwerkes zusammengeführt, aber in sich wiederum vom alten zum neuen nacheinander gestellt. In manchen Fälle wurde gar für ursprünglich mehrere Posts eine gemeinsame Überschrift gewählt, der dann mit fett gesetzten Abschnittsüberschriften die ursprüngliche Struktur folgt.

Abschließend habe ich einige Artikel hinzugefügt, die zwar ebenfalls im Blog stehen, doch bereits in den 90er Jahren verfaßt wurden. Es handelt sich um Artikel, die tatsächlich für Zeitungen vorgesehen waren, dort aber nicht veröffentlich wurden. Sie sind erkennbar an ihrer Struktur mit einem Vorspann im Fettdruck, die im Fachjargon Einleitungen genannt werden.

Nach den zahlreichen technischen Hinweisen auch ein inhaltlicher. In meinem Blog habe ich auch viele Beiträge verfaßt, die nicht nur eines der beiden genannten Länder betreffen. Insofern wird in einigen Texten nicht nur auf das benachbarte Lettland verwiesen, sondern die Texte sind in dem bereits erwähnten Band über Lettland ebenfalls erschienen.

Freilich wird der Blog auch weiter über die Ereignisse im Land berichten und sie kommentieren.

Axel Reetz, Rīga im Februar 2013

Land und Leute

„Ehstland" oder „Ästland"

Wie man dieses Land ausspricht und ob die Sprache nun „Estnisch" oder „Estisch" heißt, daß wird häufig gefragt. Der Staat, in welchem diese Sprache gesprochen wird, heißt offiziell „Eesti Vabariik" (Republik Estland) oder auch „Eestimaa", was die direkte Übersetzung von Estland ist. Auf Estnisch, so heißt diese Sprache, wird das E lang und geschlossen gesprochen, darum halte ich es im Deutschen auch so. Die Aussprache ist jedoch auch eine Frage der deutschen Mundart.

Estnisch ist keine baltische Sprache, wie Lettisch und Litauisch, auch wenn man im Deutschen vom Baltikum spricht, sondern es handelt sich um eine finno-ugrische Sprache, deren nächster Verwandter das Finnische ist. Oft behaupten Esten, man verstünde Finnisch. Sie vergessen dabei, daß sie zu sowjetischen Zeiten via Fernsehen die Sprache erlernt haben. Die Finnen verstehen kein Estnisch, und ich, der ich des Estnischen mächtig bin, verstehe kein Finnisch.

In der Regel schlagen alle immer die Hände über dem Kopf zusammen, wenn ich erwähne, daß das Estnische 14 Fälle hat, dunkle Erinnerungen an Grammatikstunden kommen hoch. Doch dieser Umstand macht keineswegs den Schwierigkeitsgrad der Sprache aus. Die Endungen der Fälle ersetzen nämlich nur, was im Deutschen Präpositionen leisten: so gibt es den „Mitfall" und den „Ohnefall". „Koorega" bedeutet mit Sahne, „Kooreta" hingegen ohne. Die zweitgrößte Stadt des Landes Tartu heißt, fährt man dorthin „Tartusse", ist man dort, dann ist man „Tartus" und verläßt man den Ort wieder, dann heißt es eben „Tartust". Schwierig wird es erst, weil die Esten gerne weniger Silben sprechen. Und dann wird aus „Tartusse" meistens „Tartttttttttu" mit lang gehaltenem T. Zu diesem Phänomen aber später.

Was die estnische Sprache für den Ausländer zu erlernen anstrengend macht, ist ihre Unregelmäßigkeit. Die Regel ist in der Regel die Ausnahme und die Ausnahme meistens die Regel. So ist der Anfänger gezwungen, die ersten drei Fälle des Singulars und den zweiten und dritten Fall im Plural zunächst auswendig zu lernen, denn die Wortstämme ändern sich teilweise grundlegend: „vesi, vee, vett" bedeutet Wasser. Freilich gibt es Flexionsstrukturen, aber auch diese sind so umfangreich, daß sie so dick sind wie ein Wörterbuch. Aber dies gilt nicht nur für die Substantive, sondern auch für die Verben. Nicht genug damit, daß es zwei Infinitive gibt, deren Verwendung außerdem noch verstanden werden muß, sondern sie heißen „ma" und „da" und sollten eigentlich auch so enden. Doch das ist eben nicht immer so. „Minema" heißt gehen, aber der da-Infinitiv heißt statt „mineda" leider „minna". Die Infinitivendung durch ein N ersetzend wird normalerweise die erste Person Singular gebildet. Ich gehe heißt aber statt „minen" bedauerlicherweise „lähen", also ein vollständig anderes Wort. Mit „läksin" statt „minesin" gilt dies für die Vergangenheit ein zweites Mal.

Für den deutschen Muttersprachler ist das Vokabular manchmal gar nicht so schwierig, denn Jahrhunderte deutscher Herrschaft haben viele Lehnwörter hinterlassen. So sagt der Este „Ah soo", was exakt das gleiche bedeutet wie im Deutschen. Ansonsten aber sind viele dieser Wörter nicht gleich zu erkennen, denn es fehlen die Zischlaute. Die Esten kennen nur das stimmlose s und sagen deshalb meistens „sokolaad", auch wenn im Wörterbuch „šokolaad" für Schokolade steht und auch offiziell so gesprochen werden müßte/sollte. So aber fallen bei anderen Wörtern die stimmhaften S und die Sch einfach weg. „Loss" heißt Schloß und „Rand" ist nicht die Begrenzung von etwas, sondern heißt Strand oder auch „toll" soll keine Begeisterung bekunden, sondern der befindet sich meistens an der Grenze, der Zoll.

In der Rechtschreibung wird der unbedarfte Beobachter registrieren, daß die Esten wie die Deutschen über Umlaute verfügen, allerdings gibt es noch einen Vokal, den die deutsche Sprache nicht kennt: das Õ, das O mit der Tilde. Dieser Buchstabe spricht sich ähnlich dem hartem I (bI) bim Russischen: „?". Gesprochen wird es, für jene, die sich mit Phonetik auskennen: die Lippen in E-Stellung, die Zunge aber in O-Stellung.

Überhaupt ist das Estnische sehr vokalreich. Ein schönes Beispiel dafür ist „öötöö", also vier Ö mit einem T in der Mitte. Ganz profan bedeutet „öö" Nacht und „töö" Arbeit. Und damit zu den Doppelbuchstaben: Die estnische Sprache kennt drei Lautlängen: kurz, lang und ganz lang. Und dies bezieht sich im Unterschied zum Deutschen auch auf Konsonanten. Lange und ganz lange Laute werden mit zwei Buchstaben geschrieben, so daß man

diesen Unterschied einfach kennen muß. Die korrekte Aussprache ist nicht ganz unwichtig, was sich am klassischen Beispiel demonstrieren läßt: „sada“ bedeutet 100. „Saada“ hingegen heißt schicken und „saada“ mit ganz langem A wiederum empfangen. Und das gilt eben nicht nur für Vokale, sondern auch für Konsonanten. So kommt auch zum umgangssprachlichen „Tartttttu“, das sich nicht mit mehr als einem T in der Mitte schreibt.
Die Esten kennen auch Palatalisierungen, also Erweichungen, kennzeichnen diese aber im Gegenteil zu anderen Sprachen nicht. Das bei der Hauptstadt „Tallinn“ das doppelte N und L palatalisiert wird, muß man wissen. Ebenso verhält es sich etwa beim S in „poiss“, Junge.
Aber neben allen diesen Besonderheiten gibt es weitere. Das Estnische kennt nämlich kein Futurum. Auch im Deutschen sagt selten jemand „morgen werde ich in die Stadt gehen“, die Benutzung des Adverbs der Zeit genügt. Die Esten sind aber darauf angewiesen und verwenden sonst das Verb „hakkama“, was soviel wie beginnen bedeutet.
Außerdem kennen die Esten kein grammatikalisches Geschlecht, weshalb Esten in der Fremdsprache über dritte Personen berichtend oft zwischen er und sie hin und her wechseln, so daß man am Ende geneigt ist zu fragen, das dies ja alles sehr interessant ist, aber war es nun ein Mann oder eine Frau? Mich verleitet das immer zu einem Scherz und da haben auch die Esten genug Humor: die Esten haben kein Geschlecht und keine Zukunft.

Echte Namen

Auf der Fahrt von Rīga nach kommt man kurz vor Pärnu durch den Ort „Uulu“. Ausländer fühlen sich entweder an Finnland erinnert, was ja auch naheliegend ist, oder aber amüsieren sich über einen Ort mit vier Buchstaben, von denen drei ein U sind.
Aber an Leser, die des Estnischen nicht mächtig sind, ein paar weitere lustige Hinweise auf Ortsnamen, die nicht witzig sind wegen ihrer Buchstabenkombination, sondern wegen ihrer Bedeutung. Unter den kleinen Orten, die in Estland am Straßenrand mit blauen Schildern gekennzeichnet sind findet man zwischen Tallinn und Pärnu im Kreis Raplamaa „Naistevalla“. Der Name bedeutet soviel wie „Frauengemeinde“. Auf dem Weg von Tallinn nach Narva führt die Landstraß exakt bei einer noch zu erwähnenden Abzweigung

durch das Örtchen „Loobu“, wo es auch ein gleichnamiges Rinnsal gibt. Dies ist die Befehlsform des Verbs „loobuma“, und das bedeutet „verzichten“ oder „aufgeben“.
An dieser Stelle ist der Abzweig in eine größere Ortschaft mit einem Namen, der in ganz Estland ziemlich bekannt ist, nämlich „Tapa“. Tapa wiederum ist die Befehlsform des Verbs „tapma“, und das heißt „töten“. Dazu gibt es in Estland eine Anekdote, die auf dem Umstand beruht, daß es vielerorts zu sowjetischen Zeiten Zeitungen gab, die im Titel den Namen der Gemeinde plus den Begriff Kommunist trugen, also habe es der Legende nach das Blatt „Tapa Kommunist“ gegeben. Und hier kommt ein interessanter grammatikalischer Aspekt des Estnischen zum Tragen. Im Gegensatz zu anderen sprachen, wo auch in einem Befehls- oder Aufforderungssatz das Objekt im Akkusativ steht, also etwa „töte den Kommunisten“, verhält sich dies im Estnischen anders, hier muß es tatsächlich direkt übersetzt heißen: „töte der Kommunist“. Folglich bedeutete „Tapa Kommunist“ nichts anderes als dies.
Nun kolportiert dieses Gerücht weiter, eines Tages habe ein Este die Sowjets über diesen Umstand aufgeklärt, was auf wenig Freude gestoßen sei. Sofort habe man das Blatt umbenannt in „Tapa edasi“. „Edasi“ nunmehr bedeutet so viel wie „vorwärts“. Dieses Wort kennt man auch in Deutschland als Zeitungstitel. Doch im Estnischen bedeutet es eben auch „weiter“. Der Legende nach wurde also aus „töte den Kommunisten“ angeblich „töte weiter“.
Sicher sind zwei Dinge: Erstens handelt es sich wirklich um eine von den Esten gerne kolportierte Legende und zweitens haben die Einwohner von Tapa vor Jahren in einer Umfrage eine Umbenennung ihrer Stadt abgelehnt, es sei eben wie es ist.

Schnee von gestern

Manchmal wird mancherorts gestohlen, andernorts dafür illegal Müll abgeladen. Das ist nicht erlaubt und wird bestraft, wenn die Behörden der Täter habhaft werden. Das geschieht unabhängig von der Jahreszeit, also auch im Winter bei Schnee und Eis. Dieses Jahr war der Winter in Estland wieder einmal besonders schneereich. Schon im Januar gab es Rekordniederschläge, doch auch im Februar schneite es viel. Aber der Staat wurde Montag morgen im Tallinner Trabantenvorort Lasnamäe von etwas ganz Neuem überrascht. Unbekannte hatten in Ljuba 4, einem dem Staat gehörenden Grundstück, ca. 1.500 Kubikmeter Schnee entsorgt. Auf dem 1.600 Quadratmeter großen Gelände befand sich früher eine Polizeiwache, doch einstweilen wird es als Parkplatz genutzt. Die Polizei ist alarmiert und man hofft, die Täter zu stellen. Wieviel den Staat die seinerseitige Entsorgung des Schnees kostet, konnte die Verwaltung noch nicht beziffern. Offensichtlich will sie aber nicht einfach nur auf den Frühling warten.

Estland sieht sich selbst

Das Mitglied der Estnischen Akademie der Wissenschaften, Endel Lippmaa erklärte jüngst in der Öffentlichkeit, Estland sei kein baltischer Staat (mehr). Lippmaa kommt eigentlich aus dem naturwissenschaftlich-mathematischen Bereich, engagierte sich aber während der Umbruchszeit politisch, war Minister und Abgeordneter der aus der ehemaligen Volksfront hervorgegangenen politischen Kräfte, ist also kein Nationalist.
Lippmaa argumentiert, daß die Politik in Estland eher der in Skandinavien realisierten gleiche als jener in den beiden südlichen Nachbarrepubliken Lettland und Estland.
Die Abgrenzung von diesen beiden anderen früheren Sowjetrepubliken, mit denen man gemeinsam im Ausland eben gern als „das Baltikum" gesehen wird, ist nicht neu. Der jetzige Präsident Toomas Hendrik Ilves war in verschiedenen Regierungen zwei Mal Außenminister und hat in dieser Dienstzeit ebenfalls erklärt, Estland sei kein ost-, sondern ein nordeuropäisches Land. Osteuropa wurde hier verstanden als Synonym für den postsozialistischen Raum.
Das Baltikum hat sich im deutschen Sprachraum erst im 19. Jahrhundert eingebürgert und lehnt sich an die lateinische Bezeichnung der Ostsee als Mare Balticum an. Auf Lettisch und Litauisch heißt dieses Gewässer auch Baltijas Jūra sowie auf Englisch Baltic Sea und Russisch Балтийское море. Daß die Deutschen wiederum von der Ostsee und die Schweden von Östersjön sprechen überrascht geographisch so wenig wie der estnische Name Läänemeri, also Westmeer. Auch ist es zutreffen, daß vom Baltikum als dem geographischen Siedlungsraum der Balten sprechend, die finno-ugrischen Esten nur bedingt einschließt. Ironischerweise spricht das dem Estnischen eng sprachverwandte Finnisch von Itämeri.

Dennoch handelt es sich bei diesen Versuchen fraglos um eine Imagefrage. Daß Estland ein post-sozialistisches Land ist, ist eigentlich unbestritten. Und wie sehr vielen Esten daran gelegen ist, dies vergessen zu machen, ließ sich an einem weiteren Versuch von Eerik-Niiles Kross erkennen. Der Sohn des bekanntesten Gegenwartschriftstellers Estlands, Jaan Kross, hatte in seiner Zeit als Direktor des Büros für Sicherheitspolitik gefordert, Estland auf Englisch von „Estonia" in „Estland" umzubenennen, weil bei seinen Auslandsbesuchen immer alle Gesprächspartner die 1994 gesunkene gleichnamige Fähre ansprächen. Darüber hinaus schlug er damals vor, die von einer Studentenverbindung stammende Landesflagge blau-schwarz-weiß von einer Trikolore in ein wie in Skandinavien übliches Kreuz unter Verwendung der gleichen Farben zu ändern. Diese Anregungen stießen jedoch nicht auf fruchtbaren Boden.
Zweifelsohne wird Estland ein „baltischer" Staat bleiben und die Staatssymbole werden wohl auch nicht geändert. Viele andere Staaten hat dies ebenfalls nicht an einer mittelfristigen Veränderung ihres Images gehindert. Endel Lippmaa blieb übrigens die Erklärung schuldig, wo er in Wirtschafts-, Sozial- und Steuerpolitik so viele Ähnlichkeiten zwischen den skandinavischen Staaten und Estland sieht.

Was ist das schon wieder: Kiiking?

Dieses Wort klingt wie der Begriff für einen neuen Straftatbestand – Stalking oder eine neu erfundene Sportart. Alles in der Regel eine Anleihe aus dem Englischen. Die Annahme mit dem Sport ist zutreffend, aber die Bezeichnung kommt nicht aus dem Englischen, sondern aus dem Estnischen und bedeutet Schaukeln.
Schaukeln eine Sportart? Haben in Estland Kinderspielplätze und Sportplätze fusioniert? Keineswegs. In Estland ist Schaukeln nicht nur ein Kinderspaß und es wird viel geschaukelt. An Stränden und in Parks oder Naturschutzgebieten stehen überdimensionale Schaukeln aus Holz, auf denen problemlos zehn Erwachsene Platz haben. Da diese Konstrukte das ganze Jahr über bei Wind und Wetter im Freien stehen, ächzt es regelmäßig verdächtig beim Schaukeln, aber bislang wurde von nennenswerten Unfällen nicht berichtet.

Da diese Schaukeln schon im benachbarten Lettland weniger bekannt sind, verwundert es wenig, daß gerade die Esten daraus einen Sport machen. Daher auch der Name. „Kiik" heißt Schaukel, „kiikuma" schaukeln und Kiiking ist eben das Schaukeln - obwohl das korrekt substantivierte Verb „kiikumine" heißt. Es gibt sogar einen Weltmeister im Schaukeln, der heißt Andrus Ääsmäe und kommt natürlich auch aus Estland. Davon berichtet nunmehr sogar der Spiegel online.

Aber wenn Schaukeln nun ein Sport ist, in dem sogar Wettbewerbe stattfinden, wo liegt dann die Leistung, die sich messen und vergleichen läßt? Schaukeln ist eben doch nicht gleich Schaukeln. Es geht beim Kräftemessen um den Überschlag. Die Wettbewerbschaukeln sind denn auch andere als jene, die vielerorts an öffentlichen Plätzen in Estland zu finden sind.

Ääsmäe erklärt im Interview, wie man sich zum Weltmeister aufschaukelt. Während der Bewegung nach unten müsse man in die Knie gehen und sich dann blitzschnell am tiefsten Punkt wieder aufrichten, um Schwung zu holen. Dabei liege die Anstrengung eben vor allem darin, den Körper aus den Beinen hochzustemmen, während gleichzeitig die Eingeweide nach unten sacken.

Auf jeden Fall, so Ääsmäe, mache Schaukeln süchtig. Und es sei doch toll, ohne Drogen in den Himmel zu fliegen. Die Gefahr betreffend berichtet der Weltmeister nur von einem gebrochenen Handgelenk bei einem Athleten, der vor der Akrobatik doch nicht auf flüssiges Doping hatte verzichten wollen.

Politik

Umfragen und parteipolitisches Poker vor Kommunalwahlen

In jüngsten Umfragen, der Sonntagsfrage zu den im Herbst anstehenden Kommunalwahlen, hat die Zentrumspartei mit 23% die Reformpartei deutlich abgehängt. Sie kommt nur auf 15%. In Tallinn ist der Unterschied noch einmal entschieden deutlicher, wenngleich bei der allgemeinen Zustimmung die Parteien weniger weit voneinander entfernt sind.
Da in Estland alle Einwohner unabhängig von der Staatsbürgerschaft das kommunale Wahlrecht haben, kommentiert der Politologe Rein Toomla, daß die Reformpartei ihren Zuspruch unter der russischsprachigen Bevölkerung verspielt hat. Lag dieser Wert früher bei 20%, so würden heute nur zwei Prozent diese Partei unterstützen, ebenso viele wie die national orientierte Union aus Vaterland und Res Publica.
In Estland sind derzeit gleich mehrere Fragen auf der Tagesordnung, welche den Machtpoker im Lande beeinflussen. Zu verstehen ist dies vor dem Hintergrund, daß es für Parteien und Politiker neben der nationalen Ebene nur wenig Schauplätze der politischen Auseinadersetzung gibt. Aus diesem Grunde sind die kommunalen Organe mehr politisiert, als dies in anderen Ländern üblich ist. Dies gilt besonders für die Stadträte in Tallinn und Tartu.
Diskutiert wird derzeit über eine Änderung des Wahlmodus in Tallinn, konkret den Zuschnitt der Wahlkreise und ob diese nicht besser aufgelöst würden. Einstweilen sind die Stadtbezirke jeweils ein Wahlkreis, die sich aber in Bevölkerungsdichte und -zusammensetzung, in sozialer und ethnischer Struktur unterscheiden.
Außerdem wurde jüngst vorgeschlagen, eine Art Groß-Tallinn zu bilden, also einige umliegende Gemeinden der Stadt administrativ zuzuschlagen. Neben kleinen Orten wie Saku oder Laagri, die ohne die Nähe zur Hauptstadt sicher eine ganz andere Bedeutung hätten, steht die Idee im Raum, auch Maardu Tallinn anzugliedern. In dieser Stadt befindet sich der Hafen Muuga.

Gleichzeitig melden sich erneut Einwohner des Tallinner Bezirks Nõmme zu Wort, die für eine „Unabhängigkeit“ ihres Ortsteils eintreten. Nõmme war tatsächlich in der Zwischenkriegszeit noch eine eigene Stadt.

Die Schwierigkeit im Umgang mit den unterschiedlichen Argumentationen liegt darin, daß beide Themen, Wahlkreiseinteilung und kommunale Gebietsreformen weder ungewöhnlich noch unschicklich sind.

Lettland hat erst jüngst eine Reform der kommunale Strukturen endgültig verabschiedet, die alle Regierungen seit der Unabhängigkeit auf die lange Bank geschoben hatten. Estland hinkt in dieser Frage momentan hinterher. Änderungen sind aber ohne jeden Zweifel geboten. Allerdings hat Lettland nicht beschlossen, die Schlafstädte rund um Riga der Hauptstadt auch administrativ zuzuteilen.

Wahlsysteme und damit auch die Einteilung von Wahlkreisen wiederum sind als Voraussetzung gerechter Wahlergebnisse fast ständig in der Diskussion.

In Estland verbirgt sich hinter den Argumenten der Parteien deren konkrete Wahlchance. Die Reformpartei hat offensichtlich ihre russischsprachigen Wähler verprellt, wobei der größere Teil der russischsprachigen Einwohner ohnehin während der letzten Jahren zumeist ihre Stimme der Zentrumspartei von Edgar Savisaar gegeben haben, der zur Zeit Bürgermeister von Tallinn ist.

Würde nun die Repräsentation jener Stadtviertel, in welchen mehr Russen leben, verbessert, minderte dies die Chancen der national orientierten Parteien auf einen Sieg. Das gilt ebenso für eine Vereinigung von Tallinn mit Maardu, wo vorwiegend Russen leben.

Allerdings irrte man, ginge man von großen ideologischen Unterschieden aus. Edgar Savisaar hat auf nationaler Ebene trotz guter Wahlergebnisse seiner Partei den Weg zurück in die Staatskanzlei, wo er von 1990 bis 1992 während er Volksfrontregierung saß, nie wieder geschafft. Zumeist haben andere Parteien eine Koalition gegen die Zentrumspartei geschmiedet. Zwei Mal saß Savisaar in dieser Zeit allerdings auf der Regierungsbank. 1995 mußte er im Rahmen des Aufzeichnungsskandal kurz nach Amtsantritt wieder zurücktreten. Aber vor den Wahlen 2007 war er sich nicht zu Schade, für eben die erwähnte Reformpartei als Mehrheitsbeschaffer zu dienen, nachdem deren Koalition mit der konservativen Vaterland / Res Publica geplatzt war.

Das wundert alles nicht. Edgar Savisaar und der Gründer der Reformpartei, der gegenwärtige EU-Kommissar Siim Kallas, haben ihre politische Karriere bereits in der Sowjetzeit begonnen und waren schon damals so weit inhaltlich voneinander nicht entfernt. Sie gehörten zu dem Quartett, das Ende der 80er Jahre mit der IME-Idee (Isemajandav Eesti – selbstwirtschaftendes Estland) an die Öffentlichkeit trat. Diese beinhaltete den Vorschlag, Estland möge innerhalb der Sowjetunion seine Wirtschaft selbst organisieren. Wie bereits oft erwähnt bedeutet diese Ankürzung als Wort gelesen auf Estnisch „Wunder".

Die erwähnten Streitpunkte haben aber mit einem Wunder wenig gemein. Es geht auch weniger um politische Inhalte als um Posten. Aber auch das ist weder ungewöhnlich noch illegitim. Insofern bleibt vermutlich in Estland in diesen Fragen alles beim alten.

Tallinner Bürgermeister stellt Kommunalwahlrecht in Frage

In der estnischen Hauptstadt Tallinn wird plötzlich über Aspekte des Wahlsystems bei der Kommunalwahl diskutiert. Es geht um die Frage, ob die gesamte Stadt inskünftig ein einzelner Wahlkreis sein soll.

Zur Zeit gibt es in Tallinn acht Wahlkreise: Kesklinn (das Zentrum), Haabersti, Kristiine, Mustamäe, Nõmme, Põhja-Tallinn (Nordstadt), Pirita und Lasnamäe. Das entspricht der Verwaltungsstruktur der Stadt. Gewählt wird mit Vorzugsstimme für Parteilisten. Die Mandatsverteilung erfolgt nach der d'Hondt Methode.

Exkurs Vorzugsstimme: Der Wähler trägt in dem vorgesehen Feld auf dem Stimmzettel die Nummer des von ihm bevorzugten Kandidaten ein und stimmt damit automatisch für die Liste der Partei, welche diesen Kandidaten aufgestellt hat. Der Wähler entscheidet sich also für eine Partei, auf deren Liste er einen konkreten Kandidaten bevorzugen kann. Das führt zu einer Änderung der Reihenfolge der Kandidaten auf der entsprechenden Liste durch den Wahlvorgang.

Exkurs d'Hondt: Bei diesem Verfahren der Mandatsverteilung, deutsch auch Höchstzahlverfahren genannt, wird die für die einzelnen Parteien abgegeben Stimmenzahl der Reihe nach durch 1, 2, 3, 4 usw. geteilt. Auf diese Weise entsteht eine einfache Tabelle aus den Quotienten dieser Divisionen. Anschließend werden die zu vergebenen Mandate der Reihe nach an die jeweils nächst höchste Zahl verteilt. Der belgische Jurist Viktor d'Hondt hatte dieses System im 19. Jahrhundert, im Zeitalter vor Computer und Taschenrechner entwickelt, um komplizierte und langwierige Rechnungen zu vermeiden.

Im Tallinner Stadtrat gibt es 63 Abgeordnete. Bei den Kommunalwahlen 2005 errang die Zentrumspartei von Edgar Savisaar 32 Sitze und damit die denkbar knappste mögliche absolute Mehrheit. Jüri Ratas wurde Bürgermeister.

Exkurs Edgar Savisaar: Dieser Mann ist das entfant terrible der estnischen Politik, über ihn scheiden sich die Geister, er wird entweder verehrt oder gehaßt. Savisaar erfand in der Gorbatschow-Zeit zusammen mit dem späteren Nationalbankpräsidenten, Gründer der liberalen Reformpartei des heutigen Regierungschefs, zwischenzeitlichen Ministerpräsidenten und derzeitigen EU-Kommissar, Siim Kallas, die Idee des selbstwirtschaftenden Estlands (Isemajandav Eesti), dessen Abkürzung IME als Wort gelesen Wunder bedeutet. Savisaar regte die Gründung der Volksfront an, wurde 1990 deren Ministerpräsident und mußte dann doch 1992 zurücktreten. 1995 schaffte er als Juniorpartner und Innenminister im Kabinett seines Volksfrontnachfolgers, Tiit Vähi, erneut den Weg auf die Regierungsbank. Allerdings nur für Monate, denn er hatte heimlich seine Gespräche der Koalitionsverhandlungen aufgezeichnet. Der Lindiskandaal zwang ihn zum Rücktritt. 2005 wurde er Wirtschaftsminister unter Ansip, als dieser Res Publica die Partnerschaft kündigte und war demzufolge zum Zeitpunkt des Wahlerfolges 2005 am Bürgermeistersessel nicht interessiert.

Nun sind Bürgermeister normalerweise nicht die einflußreichsten politischen Positionen, die zu vergeben sind. Im kleinen Estland jedoch gibt es unter der nationalen Ebene keine politischen Spielplätze. Gewählte Landräte in den 15 immer noch nicht reformierten Kreisen wurden schon vor Jahren abgeschafft. So sind die Stadträte von Tallinn und Tartu die einzigen vorhandenen Nebenkriegsschauplätze, auch wenn in ihrer Politisiertheit manche andere Kommune dem nicht nachsteht.

Die Frage nach dem Zuschnitt der Wahlkreise ist aus mathematischen Gründen wichtig. Das d'Hondt System sollte einfach sein. Aber es begünstigt auch die Erfolgreicheren. Das heißt, die großen Parteien erhalten bei dieser Methode der Mandatvergabe etwas mehr Sitze, als nach einer reinen Prozentrechnung. Und dieser Effekt kumuliert sich in mehreren Wahlkreisen. Folglich hätte die Zentrumspartei, gäbe es in Tallinn nur einen Wahlkreis, zwei Mandate weniger errungen - und die absolute Mehrheit knapp verpaßt. 2002 etwa erhielt die Vaterlandsunion trotz 6,8% Wahlerfolges überhaupt keine Vertretung im Stadtparlament.

Das Ergebnis eines solchen Ergebnisses wäre vermutlich, daß der Politisierung Tür und Tor geöffnet würde, wie es in vorherigen Wahlperioden auch war. Edgar Savisaar war bereits einmal von 2001 bis 2004 Bürgermeister, bis er durch eine Einigung anderer Parteien gegen ihn gestürzt wurde. Was auf der nationalen Ebene seit 1992 geschah, daß nämlich angesichts von Mißtrauensvoten und Koalitionswechseln noch keine Regierung eine ganze Legislaturperiode regieren konnte, gilt für die Stadt verstärkt, wo im selben Zeitraum mehr Bürgermeister ein- und abgesetzt worden sind.

Es überrascht also wenig, daß Savisaar im März 2007 seinen letzten Faustpfand nutzte. Als sich nach den Parlamentswahlen Ministerpräsident Andrus Antsip trotz des Sieges seiner Koalition mit der Zentrumspartei andere Partner suchte, setzte sich Savisaar entgegen vorherigen Versprechungen doch selbst auf den Chefposten in der Unterstadt, nur wenige hundert Meter vom Domberg entfernt.

Die Frage der Wahlkreiseinteilung in Tallinn ist also nicht unbedeutend, denn vor der bevorstehenden Europawahl streiten sich jüngst die Parteien auch darüber, ob die Listen hier starr oder lose gebunden sein sollen. Ein Umdenken in beiden Punkten würde sofort die Frage nach der nationalen Ebene aufwerfen, wo ebenfalls Vorzugstimmen und d'Hondt zur Anwendung kommen.

Der Leiter der Wahlabteilung in der Staatskanzlei, Mihkel Pilving, hält diese Gedanken für Spekulationen, schließlich würden Parteien und Wähler sich bei einem anderen System anders verhalten. Eine zweifelhafte Stellungnahme. Welcher Wähler beschäftigt sich schon im Detail mit dem Auszählungsverfahren?

Kommunalwahlen, ganz normal

Estland hat im Oktober neue Kommunalvertretungen gewählt. Ein solcher Urnengang interessiert in vielen Ländern wenig Wähler, doch diesmal war die Beteiligung mit gut 60% überraschend hoch. Viele Wähler nutzen die Möglichkeit des e-Wählens, mit mehr als 30% ganz besonders jene der liberalen Reformpartei. Das überrascht wenig. Diese Partei ist besonders unter jungen und (wirtschaftlich wie beruflich) erfolgreichen Menschen beliebt.

Gewonnen hat die Partei mit dieser Klientel die Wahl jedoch nicht Estlandweit kam sie nur auf gut 16% und hielt sich damit stabil. Mit 31% ist der Sieger dieser Wahl eindeutig

die Zentrumspartei von Edgar Savisaar, dem enfant terrible der estnischen Politik. Der Volksfrontministerpräsident hatte 1995 wegen eines Aufzeichnungsskandals als Innenminister zurücktreten müssen, kehrte wie Phönix aus der Asche auf die politische Bühne zurück und spaltet die Nation in Verehrer und Gegner.
Savisaar war bereits bisher Bürgermeister der Hauptstadt Tallinn und ging als Favorit in diese Wahl. IRL, die Vereinigung aus Res Publica und der Vaterlandsunion schickte ihren Vorsitzenden und zweimaligen früheren Ministerpräsidenten Mart Laar ins Rennen. Spekuliert wurde ursprünglich auch über eine Kandidatur von Ex-Ministerpräsident Juhan Parts sowie Tõnis Palts, der dieses Amt bereit Anfang des Jahrzehnts bereits einmal innehatte. Der Tartuer Politologe Rein Toomla kommentierte, daß für die alten Vaterlandsanhänger dies eine positive Nachricht, für Res Publica eher weniger ist, aber für diese nicht unannehmbar sei. Die Sozialdemokraten nominierten Jüri Pihl, der bis vor wenigen Monaten, als im Streit um die Arbeitsgesetzgebung Ministerpräsident Andrus Ansip der Partei den Stuhl vor die Koalitionstür stellte Innenminister gewesen war. Kandidatin der Reformpartei war die bisherige Fraktionsvorsitzende ihrer Partei im nationalen Parlament, Keit Pentus.
Zum Streitobjekt im Wahlkampf wurde unter anderem die Umgestaltung des Freiheitsplatzes in diesem Sommer, wo es nun statt eines einfachen Fußgängertunnels eine große „Unterwelt" gibt und gleich am Fuße des Domberges ein Denkmal für den Freiheitskrieg zum Ende des Ersten Weltkrieges in Form eines Verdienstkreuzes errichtet wurde. Laar kritisierte, diese Gelder würden besser in Kindergärten und Sportplätze investiert.
Die einzige Hoffnung der Opposition, die Zügel in der Hauptstadt zu übernehmen, bestanden angesichts der Popularität des Amtsinhabers in einer Erneuerung der sogenannten Dreierkoalition aus IRL, Reformpartei und Sozialdemokraten, die zwischen 1999 und 2002 das Land regiert hatte. Sozialdemokrat Jüri Pihl äußerte sich dazu jedoch wenig überraschend zurückhaltend und erinnerte daran, daß die beiden anderen Partner in dieser Konstellation bereits mit Savisaar auf nationaler Ebene koaliert hätten, hingegen nicht seine Partei.
Hinter dieser Frage steht auch immer der Umgang mit der russischen Minderheit in Estland, von denen nach wie vor ein Teil die estnische Staatsbürgerschaft nicht besitzt und auch keinen Paß eines anderen Landes verfügt, also Staatenlose sind. In Estland dürfen an

Kommunalwahlen nicht nur ansässige Bürger anderer EU-Staaten wählen, sondern auch die Nichtbürger.

Edgar Savisaar verdankt seinen politischen Erfolg der letzten Jahre auch dem Umstand seiner Beliebtheit im russischen Bevölkerungsteil. Der aus der Oppositionsbewegung kommende und Mart Laar, der einst für eine eher national orientierte Partei Regierungschef war, beteuerte nicht gegen Russen eingestellt zu sein, wohl aber gegen Kommunismus und die Sowjetunion. Nicht alle Russen in Estland müßten sich automatisch als Besatzer fühlen, die Russen selbst hätten unter dem Sowjetregime viel gelitten. Er besuche Russen sehr gern, weil die dann nämlich anschließend nicht mehr glaubten, er möge keine Russen.

Angesichts der eher dürftigen Erfolgsaussichten der Oppositionsparteien in Tallinn kommentierte der amerikanisch-estnische Politologe Rein Taagepera, die Parteien machten den Fehler, der Zentrumspartei angesichts ihrer Favoritenrolle die Agenda zu sehr zu überlassen und keine eigenen Themenschwerpunkte zu setzen. Der Professor schlägt vor, IRL könnte als Befreiungsschlag die Einbürgerung zum Thema machen.

Der frühere Parteichef der Sozialdemokraten, Eiki Nestor, erinnerte in seinem Blog daran, daß mit der Kommunalwahl vermutlich auch die Wahlmänner für die Präsidentenwahl 2011 bestimmt werden, da wie in der Vergangenheit wohl kaum eine Zwei-Drittel-Mehrheit im Parlament erreicht werden wird. Das ist um so bedeutender, weil 2007 etwa in Tallinn die Wahlmänner nicht entsprechend der Fraktionsstärke entsandt wurden und folglich die Hauptstadt mit allen zehn Stimmen für Arnold Rüütel gestimmt hatte, während auf den keine einzige für Toomas Hendrik Ilves.

Die Zentrumspartei bemüht sich aktiv um Position und Einfluß, keine andere politische Kraft stellt so viele Kandidaten auf. Und freilich stiegt mit einer Erhöhung des Angebotes an Kandidaten auch die Zahl der Stimmen für die Partei. In Estland gibt der Wähler seine Stimme für einen konkreten Kandidaten ab und wählt damit auch dessen Partei. Die Stimme für die Partei geht auch dann nicht verloren, wenn der konkrete Kandidat den Einzug in die Volksvertretung verpaßt, die Wählerstimme funktioniert wie eine Vorzugsstimme für einen Kandidaten der variablen Parteiliste.

Die Politisierung der Kommunalpolitik ist allerdings nicht nur eine Folge des Einflusses auf die Präsidentenwahl, sondern es fehlt neben dem nationalen Parlament an weiteren

Schauplätzen des politischen Diskurses. Angesichts der Mehrheitsverhältnisse und der Wirrungen mancher politischer Karrieren, kommt es dennoch in den Städten auch zu überraschenden Koalitionen. So kandidierte in Pärnu der bisherige Landrat Toomas Kivimägi mit einer eigenen Liste, mit der Begründung, so könnten auch Kandidaten gewonnen werden, die nicht bereits sind, in eine der anderen Parteien einzutreten. Bisher regierten in der viertgrößten Stadt Estlands Reform- und Zentrumspartei miteinander. Nun wird wohl Kivimägi mit über 35% zum Königsmacher.

In Tallinn siegte wie erwartet die Zentrumspartei, die sogar eine absolute Mehrheit erreichte. Trotzdem bot sie den Sozialdemokraten eine Koalition an, auf die Pihl mit Aussichten auf den Vorsitz des Stadtrates positiv reagierte. Daß dieses Bündnis für beide Partner trotz der Mehrheitsverhältnisse einen Sinn macht, erschließt sich erst mit Blick auf die Politisierung der Kommunalpolitik. Savisaar gelingt eine Regierungsübernahme auf nationaler Ebene seit vielen Jahren auch deshalb nicht, weil die Sozialdemokraten wiederholt mit den national-konservativen und liberalen Parteien koaliert hatte. Diese aber hatten das Bündnis 2009 aufgekündigt. Somit haben auch die Sozialdemokraten ein Interesse an neuen Partnerschaften.

Ernüchternd war das Ergebnis der Kommunalwahl für die Grünen und für die Volksunion. Die Grünen daran erinnerten, daß sie etwa in Tartu mit fast 5% überdurchschnittlich abgeschnitten hätten, grüne Werte also in der Gesellschaft existierten und diese für sie die erste Teilnahme an einer Kommunalwahl sei. Parteichef Mark Strandberg hatte allerdings in Tallinn mit zweifelhaften Themen geworben die Änderung der Kommunalverfassung betreffend. Dies interessierte einerseits die Wähler wenig und war gleichzeitig umstritten.

Der seit längerem mäßig erfolgreichen Volksunion bot die Zentrumspartei eine Vereinigung an. Während es in der Partei hieß, der Vorschlag müsse diskutiert werden, meinte der ehemalige Vorsitzende Villu Reiljan, die Parteien seinen zwar inhaltlich ähnlich, es gebe aber auch Unterschiede. So sei die Zentrumspartei eher eine Stadtpartei, die Volksunion eher im Land populär. Eine ausgewogene Landwirtschaftspolitik sei gerade jetzt wichtig und die Partei folglich nicht überflüssig.

Neben allen inhaltlichen Kommentaren ist ein weiteres Ergebnis der Kommunalwahl ihre Geräuschlosigkeit. Nichts Ungewöhnliches und Unerwartetes ist geschehen. Und wie Rein Toomla unterstrich, waren auch die Prognose ziemlich exakt. Die Parteien, so empfiehlt der Politologe, sollten die Umfragergebnisse nicht mehr als Parapsychologie betrachten, sondern Ernst nehmen und sogar verstärkt selber in Auftrag geben.

Die öffentliche Sache, Res Publica und Vaterlandsunion

Erst vor knapp vier Jahren hatten sich Res Publica und Isamaaliit (Vaterlandsunion) vereinigt. Res Publica, 2001 als neue „saubere" politische Kraft gegründet, hatte 2003 die Parlamentswahlen überzeugend gewonnen, um das ihr vom Wähler entgegengebrachte Vertrauen zügig zu verspielen. Es folgte die Vereinigung mit der Partei Mart Laars, die seit der Unabhängigkeit an vielen Regierungen beteiligt gewesen ist; er selbst war zwei Mal Regierungschef.

Trotz der Vereinigung und eines relativen Erfolges - die Partei ist immerhin an der derzeitigen Regierung beteiligt - ist der innerparteiliche Konflikt zwischen den beiden alten Parteien nie ganz beigelegt worden. Das belegte erneut der jüngste Parteitag. Mart Laars Wiederwahl als Parteivorsitzender stand zwar außer Zweifel, aber um die Positionen der drei Stellvertreter kam es zu Kampfkandidaturen. Dabei kristallisierten sich drei Faktionen heraus.

Die erste Gruppe sind die alten Vertreter der Vaterlandsunion, auch Pullover-Nationalisten genannt wie Bildungsminister Tõnis Lukas und der scheidende Generalsekretär Margus Tsahkna. Die zweite Gruppe sind die sogenannten „Unkäuflichen" um Parlamentspräsidentin Ene Ergma und den früheren Res Publica Regierungschef und gegenwärtigen Wirtschaftsminister Juhan Parts. Parts war vor seiner eigentlichen politischen Karriere Chef des Rechnungshofes gewesen, was seine damalige Popularität begründete. Die dritte Gruppe sieht sich selber als „Gemeinschaftsparteiler", die also gerade diese Trennlinie überwinden wollen. Wichtigster Vertreter ist Verteidigungsminister Jaak Aaviksoo, der auch auf eine erfolgreiche wissenschaftliche Karriere zurückblicken kann. Er war zur Jahrtausendwende einige Jahre Rektor der Universität Tartu. Landwirtschaftsminister Helir-Valdor Seeder bezeichnete letztere Gruppe als karriereorientierte Neuankömmlinge, die Aviksoo eigentlich nur als Sprungbrett für sein eigenes Fortkommen benötigt. Die betreffenden Parteifreunde seien zu einem großen Teil früher in den Vorgängerparteien der Vaterlandsunion bereits gewesen seien. Und in der tat war Aviksoo vor seiner Amtszeit als Hochschulrektor in der Reformpartei aktiv.

Juhan Parts wurde schließlich mit dem besten und Ene Ergma mit dem zweitbesten Ergebnis gewählt, während Jaak Aaviskoo seine Niederlage einräumen mußte. Den dritten Stellvertreterposten erhielt der „Pullover-Nationalist" Tõnis Lukas.

Vertreter aller drei Faktionen betonten während des Parteitages die Geschlossenheit der Partei und begrüßten deren Erfolge. Zum Parteitag waren 2.000 Mitglieder erschienen.

Tõnis Lukas äußert jedoch auch Zweifel über die stürmische Entwicklung der jüngsten Zeit. Erst kürzlich war mit dem Beitritt des Bürgermeisters von Kärdla auf Hiiumaa das 9.000 Mitglied offiziell aufgenommen worden; zehn Tage später sei die Mitgliedszahl bereits auf 9.500 gestiegen. Das werfe Fragen auf.

Mart Laar betonte in seiner Rede, die Partei habe sich lange mit den großen Problemen beschäftigt und zu wenig mit den Menschen gesprochen. Die so entstandene Politikphobie in der Bevölkerung müsse nun überwunden werden. Den einfachen Menschen interessiere es eher, ob er im kommenden Jahr noch einen Arbeitsplatz habe. Mehrfach wurde vom „hooliv konservatism", dem sorgenden Konservatismus gesprochen. Margus Tsahkna betonte, Ziel der Partei sei es, niemanden auf dem Weg alleine zu lassen, „kedagi ei jäeta maha".

Nächstes Jahr sind in Estland die nächsten turnusmäßigen Parlamentswahlen.

Siim Kallas will was Neues anfangen

Der estnische EU-Kommissar Siim Kallas möchte der nächsten EU-Kommission nicht mehr angehören. Mit dieser Ankündigung überraschte der stellvertretende Kommissionspräsident letzte Woche insofern, als er damit zu einem Zeitpunkt an die Öffentlichkeit tritt, in der die derzeitige Kommission gerade erst ihr Amt angetreten hat. Kallas spricht also über die Zeit nach 2014. Warum?

Kallas hat gerade eine erste Amtszeit als Kommissar für Verwaltung, Audit und Korruptionsbekämpfung hinter sich und ist jetzt für Verkehr zuständig. Er war und ist gleichzeitig einer von mehreren Vizepräsidenten der EU-Kommission.

Seine Ankündigung begründet Kallas trivial damit, man werde nicht jünger, außerdem lägen de facto noch 5 volle Jahre vor ihm.
Der 1984 geborene Siim Kallas hat eine imposante Karriere hinter sich. Er war bereits zur Sowjetzeit in der Finanzverwaltung und als Journalist tätig. Als die Sowjetunion zusammenbrach, führte er gerade die Gewerkschaft. Kallas wurde nach der Unabhängigkeit Chef der estnischen Notenbank und verließ diese für den Wechsel in die Politik mit der Gründung einer eigenen politischen Kraft, der Reformpartei, die auch derzeit mit Andrus Ansip den Regierungschef stellt. Kallas war anschließend Außenminister und Ministerpräsident.
Der Presse erklärte er auf Nachfrage nun, niemand biete ihm den Posten des Kommissionspräsidenten an, um später nachzulegen, daß der Nachfolger Barrosos sicher aus einem der großen EU-Länder kommen werde.
Umfragen zu Folge sehen sechs Prozent der Befragten in Estland Kallas als nächsten Präsidenten. Aber auch hier winkt der EU-Kommissar ab. Toomas-Hendrik Ilves sei ein guter Präsident. Und Ilves ist erst in seiner ersten Amtszeit.
Wenn die Amtszeit der derzeitigen Kommission endet, ist Kallas im Rentenalter und hätte noch ein paar Jahre, bis Ilves nach Ende der zweiten Amtszeit nicht mehr antreten kann. Sollte Kallas dann Interesse haben, wäre er nicht der erste Präsident eines Staates, der ein vorwiegend repräsentatives Amt im Alter von über 70 antritt.

Wer folgt auf Präsident Ilves?

EU-Kommissar Siim Kallas hat erst jüngst verlautbart, sich für den Umzug in Schloß Kadriorg, den Sitz des estnischen Präsidenten, nicht zu interessieren. Der 2006 gewählte Amtsinhaber Toomas-Hendrik Ilves kann außerdem für eine zweite Amtszeit kandidieren. Die nächste Wahl ist in anderthalb Jahren, im Herbst 2011.
Die estnische Verfassung sieht die Wahl des Präsidenten mit 2/3-Mehrheit durch das Parlament vor. Gelingt dies nicht, wird aus Vertretern der kommunalen Parlamente und den Abgeordneten von Riigikogu ein spezielle Versammlung einberufen. Da noch keine Koalition seit 1992 breit genug angelegt war, wurde der Präsident mit der Ausnahme auch vom Wahlverfahren 1992 immer erst in diesem Gremium bestimmt. Und da kann es zu unerwarteten Mehrheiten kommen.

Die Volksunion, welche mit Arnold Rüütel Ilves' Vorgänger stellte, ist nach den Skandalen um ihren früheren Vorsitzenden politisch wenig erfolgreich gewesen. Bei den Kommunalwahlen im vergangen Herbst brachte sie es landesweit nur auf 1,9% der Stimmen. Mehr oder weniger besser abgeschnitten hat die Partei im zentralestnischen Jõgevamaa, in Ida-Virumaa an der Grenze zu Rußland, auf der Insel Saaremaa und in Pärnumaa. Dennoch stellt sie in 39 Gebietskörperschaften den Ratsvorsitz.

Das wurde möglich, weil zahlreiche Mitglieder der Partei in örtlichen Listenkoalitionen kandidiert haben und dann zum Vorsitzenden des Rates gewählt wurden. Die parteipolitische Verteilung dieser Position ist aber wiederum eher ein Ausweis für das örtliche Koalitions-Farbenspiel als für die absolute Stärke der Parteien, denn die Ämterbesetzung ist überall das Ergebnis politischer Kompromisse.

Und so gehören seit der letzten Kommunalwahl 77 Ratsvorsitzende überhaupt keiner Partei an und wurden über örtliche Listen gewählt; das ist etwa ein Drittel aller Kommunalparlamente. Vaterland und Res Publica stellen die zweitstärkste Gruppe gefolgt von der Reformpartei. Die oppositionelle Zentrumspartei stellt 25 Ratsvorsitzende, darunter in den beiden großen Städten Tallinn und Tartu, während die Sozialdemokraten nur zehn und die im nationalen Parlament vertretenen Grünen überhaupt keinen Vertreter vorweisen können. Damit haben die Regierungsparteien unter den Ratsvorsitzenden der Kommunalparlamente keine Mehrheit.

Ist diese Position im politischen Alltagsgeschäft weniger wichtig, wird sie gleichzeitig wegen des Gremiums für die Präsidentschaftswahl plötzlich interessant. Auch unter Berücksichtung der 101 Riigikogu-Abgeordneten stellten 2006 die Ratsvorsitzenden allein ein Drittel der Delegierten in dieser Versammlung.

Nicht unbedeutend ist außerdem die Rolle der ethnischen Minderheiten. Da in Estland auch ständige Einwohner ohne estnische Staatsbürgerschaft über das kommunale Wahlrecht verfügen, beeinflussen sie indirekt auch die Wahl des Präsidenten.

Und wer wird es nun? Ilves ist nicht unpopulär, er kann wiedergewählt werden und unter den Regierungsparteien wird er eher Zustimmung als Ablehnung erfahren. Viel hängt folglich davon ab, welche Parteien welche weiteren Kandidaten portieren. 2001 hatte eine liberal-konservative Regierung eine Parlamentsmehrheit. Trotzdem gewann Arnold Rüütel die Wahl gegen den Tartuer Professor Peeter Tulviste.

Estland und der Euro

Die Gemeinschaftswährung der EU ist bei Nicht-Experten oft eine emotionale Angelegenheit. Experten diskutieren die Vorteile und Risiken des Euro. In einigen Ländern wird die Eurozone trotzdem als rettender Hafen wirtschaftlicher Stabilität gesehen. Und so betonen Estlands Regierungschef Andrus Ansip und Präsident Toomas Hendrik Ilves derzeit immer wieder, der Beitritt zum Jahre 2011 sei das Ziel der estnischen Politik, nachdem ein erster Versuch 2007 abgebrochen worden war. Am 12. Mai soll nun die EU-Kommission eine entsprechende Empfehlung aussprechen.

Die Esten haben gute Argumente auf ihrer Seite. Die Maastricht Kriterien erfüllt das Land besser als fast alle jetzigen Mitglieder. 1,7% des BIP Haushaltsdefizit 2009 und eine Prognose von 2,2% für das laufende Jahr sind ein guter Ausweis. Bei der Staatsverschuldung ist Estland schier ein Musterschüler mit nur 7,2% des BIP bei erlaubten 60%.

Die niedrige Inflationsrate von 1,7% überrascht hingegen weniger. Estland hatte ähnlich wie der südliche Nachbar Lettland in der Krise auf eine Abwertung der eigenen Währung zugunsten einer internen Abwertung verzichtet. Das bedeutete drastische Kürzungen der Staatsausgaben, verbunden mit Kürzungen der Gehälter. Die Folge sind eher deflationäre Tendenzen.

Diese Politik wurde durchgesetzt trotz stark steigender Arbeitslosigkeit, die inzwischen 15% beträgt und einer Schrumpfung der Wirtschaft von 14,1%.

Damit hat die derzeitige Regierung die Politik der Vorgängerkabinette fortgesetzt, die 1992 kurz nach der Unabhängigkeit mit der estnischen Krone ihre eigene Währung einführten und diese fest an die deutsche Mark banden.

Estland fürchtet folglich nicht die Folgen der Krise in Griechenland für den Euro. Ilves jedoch treibt die Sorge um, die Staaten der Eurozone könnten ihre Besorgnis über den Mittelmeerstaat zum Anlaß nehmen, die Aufnahmemöglichkeit weiterer Staaten in die Gemeinschaftswährung für gegenwärtig unmöglich zu erklären. In diesem Falle setzte die EU ein problematisches Signal, findet der estnische Präsident. Ein Land, welches die besten Eckdaten aufweist, die vielleicht noch Luxemburg vorweisen könne, werde von solchen Ländern abgelehnt, die den Maastricht-Kriterien bei weitem weniger entsprechen.

Anerkennung für Leistungen Estlands

Das nördlichste Land des Baltikums hat gleichzeitig zwei bedeutende Einladungen erhalten, Estland soll in die OECD und in die Eurozone aufgenommen werden.

Die OECD gilt als der Club der entwickelten Länder. Die Organisation verlangt für den Beitritt zum eine Politik der Korruptionsbekämpfung, Förderung des geistigen Eigentums und corporate governance mit einem Wort, Kandidaten müssen wirtschaftlich ein zivilisiertes Land sein. Estland hatte die Verhandlungen 2007 aufgenommen und soll sich im Bereich des e-government engagieren.

Estland ist außerdem dem derzeit wichtigsten Ziel der Regierung Ansip, der Einführung des Euros zum 1. Januar 2011 ein Stück näher gerückt. Die EU-Kommission empfiehlt die Aufnahme mit dem Hinweis, daß Estland die Konvergenzkriterien besser erfüllt, als zahlreiche Länder, die den Euro als bereits haben. Die EZB hingegen äußerte Zweifel an der Nachhaltigkeit, mit der die Esten die vor allem das Konvergenzkriterium der Inflation werden einhalten können.

Nachdem beide Institutionen ihren regelmäßigen Bericht vorgelegt haben, beraten das Europäische Parlament und der Europäische Rat über den Vorschlag. Die endgültige Entscheidung wird im anläßlich eines Gipfeltreffens im Juli gefällt.

Ursprünglich wollten Estland und Litauen den Euro bereits 2007 einführen. Damals waren die Inflationsraten hoch, weil nach dem Beitritt zur Europäischen Union besonders skandinavische Banken, im Falle Litauens aber auch Institute aus Österreich, die baltischen Staaten großzügig mit Liquidität versorgten. Estland verzichtete dann freiwillig, während Litauen mit einer 0,1% Überschreitung des der Inflationsrate abgelehnt wurde.

Wahlen in Estland 2011

Estland wählt im März ein neues Parlament, das inzwischen sechste seit der Unabhängigkeit von der Sowjetunion 1991. 20 Jahre sind nun vergangen. Interessant ist, daß weniger als zwei Monate vor dem Urnengang inhaltliche Themen eine untergeordnete Rolle einzunehmen scheinen. Umfragen zu Folge kann sich Ministerpräsident Andrus Ansip gelassen darauf freuen, die Wahl zu gewinnen und im Amt zu bleiben und im Gegenteil zu 2007 sogar die regierende Koalition fortzusetzen. Das wäre im post-sozialistischen Raum eine der seltenen Ausnahmen. Ansip ist aber schon deshalb eine Ausnahme, weil er seit nunmehr fast sechs Jahren an der Spitze wechselnder Koalitionen im Amt ist.

Estland ist mitten in der Eurokrise in die Gemeinschaftswährung der EU aufgenommen worden und auch, wenn Estland unter den Folgen der Krise stark zu leiden hatte, sieht man auch das dramatischer Schicksal des südlichen Nachbarn Lettland, der unter anderem auch mit der Hilfe Estlands vor dem Bankrott gerettet werden mußte. Andrus Ansip gilt deshalb trotz vorhandener Kritik allgemein als erfolgreich. Die Opposition aus Sozialdemokraten und Volksunion stecken selbst seit Jahren in der Krise und sind schwach. Bleibt als Konkurrent nur noch das Urgestein der estnischen Politik, Edgar Savisaar mit seiner Zentrumspartei, der seit Jahren Bürgermeister der Hauptstadt ist. Sein Problem seit 20 Jahren liegt in seiner Person, welche die Esten spaltet, und das Fehlen von koalitionsbereiten Partnern. Folglich war er in diesem Zeitraum nur zwei Mal Juniorpartner.

Der estnische Politologe Rein Toomla analysierte, daß die Parteien sich in ihren Positionen nach rechts bewegt hätten. Im estnischen Parteiensystem ist das eigentlich nichts Neues, haben doch selbst die Sozialdemokraten gleich 1992 mit den Nationalisten koaliert und auch die Zentrumspartei vertritt linke Positionen mehr oder weniger nur als Opposition. Gegenstand politischer Stellungnahmen sind statt politischer Inhalte systemische Fragen besonders zum Wahlsystem.

Das Wahlsystem für die Volksvertretung Riigikogu ist die Verhältniswahl mit eine fünf Prozent-Hürde und dem sogenannten System der Vorzugsstimmen. In der Wahlkabine macht der Wähler kein Kreuzchen, sondern trägt die Nummer des bevorzugten Kandidaten ein. Damit geht die Stimme an die Liste, auf welcher der betreffende Politiker kandidiert und der Wähler spricht dieser Person damit seinen Vorzug aus. In der Praxis freilich stimmen viele Wähler für bekannte und populäre Politiker, die dann ein Mehrfaches der nötigen Stimmen erhalten, um in das Parlament einzuziehen und quasi eine Lokomotivfunktion für die Liste ihrer Partei übernehmen, von der weitere Kandidaten gewählt sind nach von der Partei festgelegter Reihenfolge, möglicherweise sogar ohne selbst auch nur eine einzige Vorzugsstimme erhalten zu haben. Das bedeutet aber auch, daß individuelle Kandidaten ins Rennen steigen und versuchen können, allein das erforderliche Quorum zu erreichen, ohne einer Liste anzugehören, die mindestens fünf Prozent der Stimmen landesweit erreicht haben müßte. 2009 gelang dies bei den Wahlen zum Europäischen Parlament beispielsweise dem Fernsehmoderator Indrek Tarand. Auf nationaler Ebene ist dies auch nur in Ausnahmefällen gelungen.

Diese Hoffnung ist freilich gering, wie der Soziologe Aivar Voog vorrechnet. Die vier großen Parteien in Estland, Reformpartei, Zentrumspartei, Vaterland und Res Publica Union sowie die Sozialdemokraten werden nach allen Prognosen etwa 90% der Stimmen bekommen, ein Einzelkandidat müßte also die verbliebenen zehn Prozent überzeugen gegen eine Konkurrenz aus verschiedenen Splitterparteien wie auch der Volksunion, die seit der Unabhängigkeit immer im Parlament vertreten war und erst jetzt nach zahlreichen Schwierigkeiten um den Wiedereinzug ins Parlament bangen muß.

Voog empfiehlt potentiellen Kandidaten eher, sich parteilos auf einer Liste aufstellen zu lassen und auf eines der Kompensationsmandate zu hoffen. Je mehr solcher Individualisten eine Partei aufstellen könne, desto mehr Wähler fühlten sich angesprochen. Der Soziologe spricht über dieses Thema angesichts einer zunehmenden Unzufriedenheit mit den „etablierter" Parteien, die zunehmen Einzelpersonen motivierten, selber zu kandidieren. Im Wahlkreis Läänemaa aber müßte ein Einzelkandidat es auf 20% der Vorzugsstimmen, um die Quote zu erreichen, wohingegen in Harjumaa und Raplamaa gut sieben Prozent genügten. Doch hier, so gibt Voog zu bedenken, stellen die regierenden Parteien starke Konkurrenten wie Ministerpräsident Andrus Ansip und den früheren Regierungschef Mart Laar auf.

Der Empfehlung von Voog folgend verkündete der nationalistisch gesinnte Historiker Mart Helme gemeinsam mit seinem Sohn Martin, bis Dezember 2010 um Anhänger zu werben, um in jedem der zwölf Wahlkreise einen eigenen Kandidaten aufzustellen, fanden jedoch derer nur sieben. Die Familie Helme wirbt mit wenig einfallsreichen und zweifelhaften Parolen. Die politische Elite habe abgewirtschaftet und handele nicht im Interesse des Volkes. Außerdem wolle man das Wahlsystem ändern und das Prinzip der Abberufbarkeit einzelner Abgeordneter einführen, was gegen die Gewissensfreiheit des Mandatsträger verstoßen würde. Ihre nationalistische Einstellung kommt bei der Forderung zum Ausdruck, Ausländern das kommunale Wahlrecht abzuerkennen. In Estland leben viele in Sowjetzeit zugewanderte Russen, die zu einem Teil den Status der Staatenlosen genießen, aber trotzdem auf kommunaler Ebene abstimmen dürfen, da im Nordosten der Bevölkerungsanteil von Menschen nicht estnischer Nationalität teilweise bei über 90% liegt.

Andere Parteien diskutieren die Senkung der 5%-Hürde. Die von der politischen Bedeutungslosigkeit bedrohte Volksunion verlangt gar eine Senkung auf 0,7% und die gleichzeitige Verkleinerung des Parlaments von 101 auf nur noch 51 Mandate. Rein arithmetisch aber wären schon zwei von 100 Prozent erforderlich, um in einer 51-köpfigen Volksvertretung einen Sitz zu erlangen, vorausgesetzt, es scheiterten nicht zahlreiche Splitterparteien sogar an dieser Hürde. Die Volksunion beruft sich dabei auf eine ehemalige Politikerin, die nach der Unabhängigkeit als Mitglied der Sozialdemokraten auch im Kabinett vertreten war. Liia Hänni ist der Ansicht, daß eine zu hohe Einzugshürde die Macht den finanzstarken Parteien der Monopolmeinung und Minderheitenpositionen unberücksichtigt überläßt.

Dem aber widerspricht das politische Establishment einschließlich ihrer ehemaligen politischen Heimat. Deren neuer Vorsitzender Sven Mikser beklagte die Unklarheit so kurz vor der Wahl, ob es sich wirklich um einen Vorschlag im Interesse des Volkes oder die eigene Popularisierung handele. Die Vaterland und Res Pulica weisen auf die Funktion zur Konsolidierung des Parlamentes hin. 1992 wäre ohne 5%-Hürde wohl die Reformregierung Mart Laars nicht zustande gekommen, heißt es. Während dessen Partei natürlich eine gewissen Voreingenommenheit unterstellt werden kann, ließe sich praktisch wenige Wochen vor der Wahl eine Änderung des Modus gar nicht umsetzen.

Die Volksunion steht sich aber angesichts grundlegender innerparteilicher Diskussion selbst im Weg. Während der Parteivorsitzende ein Kabinett aus Experten ihres Fachgebietes will, lehnt der eigene Kandidat für das Amt des Regierungschef, Jaan Toots, dies mit dem Hinweis auf die dann fehlende politische Verantwortung ab. Sein Credo ist, das Land brauche keine Koalition aus untereinander austauschbaren Parteien.

Vor vier Jahren waren auch die estnischen Grünen in Fraktionsstärke ins Parlament eingezogen, nachdem sie während der 90er Jahre eines jener Beispiele waren, die von der Möglichkeit individueller Mandate profitiert hatten. Die Grünen hatten es 2007 nicht in die Regierung geschafft und litten während der Legislaturperiode unter internen Konflikten, so daß ihr Erfolg im März unklar ist. Die Partei trat darum mit einem Zukunftsmanifest die Flucht nach vorn an, welches von zahlreichen bekannten Persönlichkeiten wie etwa dem

ehemaligen Ministerpräsidenten Andres Tarand, dem Sohn des bekanntesten Gegenwartschriftstellers Jaan Kross, Eerik-Niiles Kroß, dem Direktor des Tallinner Zoos, Mati Kaal und vielen anderen unterzeichnet wurde. Es handelt sich nicht um ein Programm oder eine Beitritterklärung, sondern eher um ein moralischer Pamphlet, welches an das Gewissen eines Kulturvolkes zu appellieren versucht. Die Grünen versuchen jedoch auch, bekannte Persönlichkeiten für eine Kandidatur zu gewinnen und plädieren in diesem Rahmen für eine Öffnung der Listen. Dann könnte der Wähler nicht nur eine Vorzugsstimme abgeben, sondern die Reihenfolge der Kandidaten durch seine Stimmabgabe beeinflussen.
In einem Interview bestätigte Ministerpräsident Andrus Ansip jüngst, daß auch seine Regierung Fehler gemacht habe. Als Beispiel erwähnt er die schuldentreibenden Nachtragshaushalte, die er in einer von Kolumnisten herbeigeschriebenen befürwortenden Atmosphäre nicht habe verhindern können, obwohl seine Regierung dazu die Möglichkeit gehabt hätte. Im März wird wohl in Estland mit oder ohne Grüne und Volksunion weitgehend alles beim Alten bleiben.

Estland vor Entscheidung politischer Kontinuität

Der estnische Politologe Rein Toomla behauptete bereits in seinem 1999 erschienen Buch über die Parteien in Estland, das Land habe ein Parteiensystem. In der Politikwissenschaft beschreibt dieser Begriff die Gesamtheit der Parteien eines Staates inklusive Diskussionen über relevante Parteien, also jene, die es wenigstens ins Parlament schaffen. Wenn also Toomla 1999 sagte, Estland habe ein Parteiensystem, dann meinte er damit dessen Prognostizierbarkeit. Er argumentierte, daß es schon vorher offensichtlich sei, welche Parteien den Sprung in die nächste Wahlperiode schaffen.
Toomlas Behauptung erwies sich bislang als richtig. Während in den südlichen Nachbarländern Parteienspaltungen und -vereinigungen sowie Neugründungen nichts Ungewöhnliches sind, so wurde die „jüngste" Partei Estlands bereits 1994 vom früheren Nationalbankpräsidenten und heutigen EU-Kommissar Siim Kallas gegründet.
Anfang März finden turnusgemäß Parlamentswahlen statt, und es bleibt dabei: Welche Parteien vertreten sein werden, ist so gut wie sicher. Das ist zunächst die regierende Reformpartei, die Gründung von Kallas, die Zentrumspartei des Volksfront-Regierungschefs

Edgar Savisaar, der auf nationaler Ebene trotz regelmäßig großer Wahlerfolge von den anderen Parteien als Partner meist abgelehnt wird und deshalb seit Jahren das Bürgermeisteramt in der Hauptstadt der Oppositionsbank vorzieht sowie die Union aus Vaterland und Res Publica. Letztere war vor ungefähr zehn Jahren als Saubermannpartei gegründet später in der Vereinigung aufgegangen. Außerdem werden die nach vielen internen Streitigkeiten angeschlagenen Sozialdemokraten wohl Mandate erzielen. Ob die Volksunion, die vorwiegend die Landbevölkerung anspricht, und die Grünen die 5-Hürde überspringen werden, gilt als unsicher, aber nicht unwahrscheinlich.
Die derzeitig regierende Minderheitsregierung aus Reformpartei und Vaterland unter Ministerpräsident Andrus Ansip hat sich gegenüber zahlreichen Wahlversprechen der Sozialdemokraten bereits ablehnend geäußert. Dieser Schritt ist insofern von Interesse, als diese bis vor rund einem Jahr der Koalition angehörten und wegen eines Streites über die Arbeitsmarktpolitik Ansips die Regierung verlassen hatten. In den vergangenen 20 Jahren haben aber die Sozialdemokraten immer wieder mit den nationalen und liberalen Kräften koaliert und nicht mit der sich regelmäßig sozialdemokratisch gerierenden Zentrumspartei zusammengearbeitet.
Damit wird eine Fortsetzung der bisherigen Regierungsarbeit in der bisherigen Koalition sehr wahrscheinlich. Ansip wird im Land von vielen Menschen geachtet, weil Estland durch die Finanzkrise trotz aller Schwierigkeiten immer noch besser gesteuert wurde als sein südlichen Nachbar Lettland. Seiner Reformpartei werden 40% zugetraut. Aber Umfrageinstitute geben zu bedenken, daß unter den gegebenen Umständen unentschlossene Wähler einen bedeutenden Einfluß haben könnten. Wichtig ist auch die Frage, wie viele Wähler ihre Stimme den Einzelkandidaten geben. Nach estnischen Wahlrecht ist es möglich, als Einzelperson um ein Mandat zu kandidieren.
Rein Toomla meint deshalb, daß angesichts auf dieser Weise „verfallender" Stimmen die Reformpartei sogar mit unter 50% der Stimmen eine absolute Mehrheit der Sitze erzielen könnte, was eine echte Sensation für die estnische Politik bedeutete. Ein solches Szenario würde freilich um so wahrscheinlicher, je eher die Grünen und die Volksunion tatsächlich an der 5%-Hürde scheitern würden.
Sicher scheint nur ein. Politisch wird sich in Estland kaum etwas verändern.

Parlamentswahlen in Estland von der technischen Seite

Estland wählt am kommenden Sonntag ein neues Parlament. Der 2009 als Einzelkandidat angetretene estnische Angeordnete des EU-Parlaments, der Moderator Indrek Tarand, spricht von „aufständischen" Wahlen. Die Wähler glaubten den Versprechungen der Parteien und Politiker nicht mehr, daher gebe es in diesem Jahr so viele Einzelkandidaten. Er forderte die Wähler auf, Ihre Einflußmöglichkeiten nicht zu unterschätzen.

Was steckt technisch dahinter? Estlands Wahlrecht ist eine Verhältniswahl mit Personenstimmen. Für den an andere Verhältniswahlsysteme gewöhnte Beobachter sieht der Stimmzettel sehr ungewöhnlich aus. Es ist ein faktisch leeres Blatt mit einem freien Feld. Daneben steht: „ich wähle den Kandidaten Nummer". Der Wähler muß also mit einem Kugelschreiber die Nummer des bevorzugten Kandidaten in dieses Feld eintragen. Der Effekt ähnelt dem der österreichischen Vorzugsstimme. Der Wähler bevorzugt einen Kandidaten und wählt mit ihm auch die Liste seiner Partei. Es ist ein kompliziertes mathematisches Verfahren, wie hoch die Quote ist, um ein „persönliches" Mandat auf diese Weise zu erreichen. Da sich aber viele Wähler stärker nach Personen als nach Parteien richten und selbst Parteianhänger vorwiegend für die bekannteren Politiker stimmen, erreichen diese in aller Regel die Quote ohne Schwierigkeiten und ziehen wie eine Lokomotive auf Kompensationsmandaten Parteifreunde mit in das Parlament, für die entschieden weniger Wähler ihre Personenstimme abgegeben haben. Der estnisch-amerikanische Politologe Rein Taagepera hat dieses System deshalb wiederholt als Enttäuschungsmaschine der Wähler kritisiert.

Nichtsdestotrotz bietet dieses System parteilosen und unabhängigen Kandidaten die Möglichkeit zur Kandidatur. Dabei zu gewinnen ist in den zwölf etwas größeren Wahlkreisen einfacher, als vergleichsweise in Deutschland als Unabhängiger ein Direktmandat zu erringen, aber deshalb noch lange nicht einfach. Statistiker haben berechnet, daß in einigen Wahlkreisen ein Einzelkandidat, um gewählt zu werden, 20% der Stimmen erhalten muß - ein schier unerreichbares Ziel, wohingegen in Raplamaa es nur 7% bedürfe, doch hier kandidierten mit Ministerpräsident Andrus Ansip und seinem zweimaligen Vorgänger Mart Laar sehr bekannte estnische Politiker.

Mit einem Wort, ein Erfolg ist nicht ausgeschlossen. Bevor sich das estnische Parteiensystem nach der Unabhängigkeit von der Sowjetunion 1991 stabilisiert hatte, gelang das 1992 zwei Politikern und anschließend bei Parlamentswahlen nicht wieder. Indrek Tarand ist damit die dritte Ausnahme, die dieses Jahr zahlreiche Personen zur Kandidatur ermunterte. Neben vielen Nationalisten und sonstigen auch zwielichtigen Gestalten etwa die bekannte Sängerin Siiri Sisask.

Die Unwägbarkeiten beschreiben die Politologen Rein Toomla und Ott Lumi; sehr viele Wähler entschieden sich erst in der Woche vor dem Urnengang, die Parteien dürften also ihre Bemühungen nicht ruhen lassen, zumal dieses Jahr die Umfragewerte Achterbahn fahren. Die Zentrumspartei hat deshalb die Wahlkommission aufgefordert, dem Vorbild anderer europäischer Länder zu folgen und die Veröffentlichung von Umfragen so kurz vor den Wahlen einzuschränken (, was kein Thema für jene ist, die auf Umfragewerte pfeifen). Die Nervosität der Partei Savisaars erklärt der Journalist Kalle Muuli damit, daß gerade für sie ein schlechteres Ergebnis als 29 Sitze dramatisch wäre nach vier Jahren in der Opposition, während die Popularität der Regierung in der Wirtschaftskrise gelitten habe.

Ein weiterer für den deutschen Beobachter überraschender Aspekt ist, daß ab sofort alle 625 Wahllokale täglich von zwölf bis acht Uhr abends geöffnet sind, um den Menschen, die sich am Wahltag nicht am Wohnort befinden, die Stimmabgabe zu ermöglichen. Dieser Punkt streift ein viel diskutiertes Thema diverser Wahlrechte, wie man den Bürgern das Wählen zwecks Steigerung der Wahlbeteiligung bequemer machen kann. Während es in Deutschland nur die auch in Estland bekannte Briefwahl gibt mit dem Nachteil, daß daheim niemand so recht prüfen kann, wer wie wählt, kann man im benachbarten Lettland am Wahltag und nur am Wahltag in einem beliebigen Wahllokal abstimmen. Während das dort auch bedeutet, im entsprechenden von fünf Wahlkreisen des Landes abzustimmen, kann der estnische Wähler auch andernorts eine Stimme für seinen Wahlkreis abgeben.

Mit dem geflügelten Wort E-stonia, ein Wortspiel mit dem für den elektronischen Cyberspace stehenden E und dem Namen des Landes auf Englisch, wird beschrieben, was in Estland noch geht: man kann auch elektronisch im Internet wählen. Entsprechende Identifikationskarten wurden schon vor längerer Zeit eingeführt, es bedarf am Rechner nur des entsprechenden Lesergerätes. Darüber hinaus kann man in diesem Jahr sogar erstmals per Handy wählen (Die Doppeldeutigkeit des Verbs wählen läßt sich übrigens auch im estnischen – „valima" – nicht vermeiden). Dennoch, die meisten Wähler gehen traditionell am Wahltag ins Wahllokal.

Kaffeesatzlesen vor der estnischen Wahl

Es wurde an dieser Stelle bereits berichtet, daß Ministerpräsident Andrus Ansip trotz diverser rhetorischer Lapsüs während der letzten Jahre auch mit Blick auf die katastrophale Situation im südlichen Nachbarland Lettland von vielen Menschen in Estland geachtet oder als das kleinere Übel betrachtet wird. Das seine Reformpartei am Sonntag auf dem ersten Platz landet, scheint ebenso gut wie sicher wie die Wahrscheinlichkeit, daß der neue Regierungschef der alte sein wird. Die derzeit nach dem Austritt der Sozialdemokraten regierende Minderheitsregierung könnte sogar eine Mehrheit erreichen.

Daß die Umfragewerte in den letzten Wochen teilweise Wechselhaft waren, ist dem Umstand geschuldet, daß der Chef der Zentrumspartei, das Enfant terrible der estnischen Politik, Edgar Savisaar neuerlich in einen Skandal wegen seiner Vereidungen nach Rußland und von dort angenommenen Geldes verstrickt ist. Eigentlich wenig überraschend, plädiert dieser Politiker doch schon lange für bessere Kontakte zu großen Nachbarn und wird im Inland besonders von russischstämmigen Wählern bevorzugt. Dem estnischen Parteiensystem erweist er damit eigentlich den Dienst, daß nach 1995 nie wieder eine ethnische Partei ins Parlament gewählt wurde.

Die von der Tageszeitung Postimees bei Turu-uuringute AS bestellten Zahlen sagen der Reformpartei des Ministerpräsidenten 28% voraus, gefolgt - dank des Skandals mit nunmehr etwas größerem Abstand - von der Zentrumspartei mit 25%, 14% für die Union aus Vaterland und Res Publica (IRL in der einheimischen Abkürzung) sowie 13% für die Sozialdemokraten. Nach der innerparteilichen Krise seit Ende 2009 mit dem neuen Parteivorsitzenden Sven Mikser ein echter Erfolg. Die Demoskopen sagen nun einen Kampf um den zweiten Platz voraus, denn die Zentrumspartei könnte noch Einbußen hinnehmen, während die anderen beiden Parteien auch daran profitieren, daß die Volksunion und die Grünen nach ihren inneren Konflikten den Sprung ins Parlament verfehlen könnten. Und so kommt TNS Emor auch zu 25% für die Zentrumspartei, 21% für IRL und 16% für die Sozialdemokraten.

Tõnis Stamberg von Turu-uuringute AS weist darauf hin, daß zuletzt 19% der Wähler erklärten, an der Wahl teilnehmen zu wollen, aber noch nicht wüßten, welcher Partei sie ihre Stimme geben werden. Diese Beobachtung deckt sich mit dem hier vorher zitierten Politologen Rein Toomla, der auf die hohe Bedeutung der letzten Tage des Wahlkampfes hingewiesen hatte.

Die jüngsten Umfragen lassen allerdings auch Zweifel an Toomlas Gedanken aufkommen, daß die Reformpartei mitunter sogar eine absolute Mehrheit der Mandate erringen könnte. Wahlumfragen sind in den jungen Demokratien Osteuropas aber schon immer problematisch gewesen. Und für die Wahl Estland 2011 gilt eine mehrfache Ausnahme: neben dem Skandal so kurz vor der Wahl gibt es dieses Mal sehr viele Einzelkandidaten und es wird möglicherweise ein Parlament mit rekordkleiner Fragmentierung entstehen.

Wenn die Reformpartei nicht alleine regieren kann, steht IRL zur Verfügung. Würde es für beide zusammen auch nicht reichen, wir in einem Parlament mit nur vier Fraktionen die Regierungsbildung interessant. Savisaars Zentrumspartei kam als Partner immer nur nach dem Bruch anderer Bündnisse in Frage, seit 1992 zwei Mal. Die Sozialdemokraten wiederum hatten wegen der Arbeitsmarktpolitik vergangenes Jahr die regierende Koalition verlassen.

Eesti muutub Saksamaaks (Estland wird zu Deutschland)

Das war Ende der 90er ein im privaten Kreis regelmäßiger geäußerter, scherzhafter Kommentar über Estland. Damals stand dahinter eine Mischung aus Genugtuung über die rasante Entwicklung Estlands und der Trauer über das Verschwinden verschiedener sowjetischer oder postsojwetischer Exotica im Alltag.

Im Blog diente dieser Scherz zwei Mal als Überschrift für einen Beitrag, der im wesentlichen darstellen sollte, wie sehr sich Estland von der postsowjetischen Exotik wegentwickelt hat. Dies war der erste Text:

Nunmehr haben alle osteuropäischen Staaten das stürmische erste Jahrzehnt der Transformation durchgestanden, wirtschaftlich und politisch wurde von der Transformationstheorie schon früher eine Stabilisierung prognostiziert. Dies ist damals von Pzreworski in Zweifel gezogen worden und wird durchaus auch heute noch diskutiert etwa im Band Ellen Bos, Dieter Segert: Osteuropäische Demokratien als Trendsetter? Parteien und Parteiensysteme nach dem Ende des Übergangsjahrzehnts erschienen Mai 2008. So ist denn Stabilität in den meisten Staaten wenigstens politisch nur teilweise eingetreten. Nach wie vor ist es eine Seltenheit, wenn wie Dzurinda in der Slowakei 2002 oder Gyurcsány in Ungarn 2006 amtierende Regierungen wiedergewählt werden. In Estland gelang dies 2007 ebenfalls, jedoch wählte Ministerpräsident Ansip andere Koalitionspartner.

In Estland hat so wie in den baltischen Nachbarstaaten noch nie eine Regierung eine ganze Legislaturperiode durchgehalten. Auch gibt es nach wie vor so viel Instabilität im Parteiensystem, daß infolge des Popularitätsverlustes der liberal-konservativen Regierungen bei gleichzeitigem Wunsch der Wähler nach Parteien ähnlicher Couleur, neue Parteien wie Res Publica 2003 und die wiedergegründeten Grünen 2007 den Sprung in Parlament geschafft haben.

Doch die Umfragen zeigen derzeit eine große Stabilität, wie die Zeitung Postimees am 15. September 2008 berichtete, und damit efreut sich Ministerpräsident Andrus Ansip nach wie vor großer Beliebtheit.

Die liberale Reformpartei (Reformierakond) des Regierungschefs hat sich von 21% auf 19 geringfügig verschlechtert, damit sind sich aber immer noch ein Fünftel der Wählerschaft sicher, diese Partei zu bevorzugen. Die Koalitionspartner der Vereinigten Vaterlandsunion und Res Publica (Isamaa ja Res Publica Liit) kommen mit 10% auf zwei Punkte mehr als vor Monatsfrist. Die Sozialdemokraten (Sotsiaaldemokratlik Erakond), aus deren Reihen auch Präsident Toomas-Hendrik Ilves stammt, bleiben bei 8%.

Dieses würde den reinen Zahlen nach derzeit für eine Mehrheit im Parlament (Riigikogu) nicht reichen, doch 16% der Befragten gaben an, unentschlossen zu sein. Diese Zahl belegt ebenfalls die Stabilität, ist sie doch überraschend niedrig für ein baltisches Land.

Stabilitätsfaktor wären ebenfalls die Grünen (Rohelised), die bereits 2007 mit Ansip Koalitionsverhandlungen geführt hatten. Daß die Beteiligung schließlich nicht zustande kam, ist auf die Verweigerung des gewünschten Umweltressorts zurückzuführen. Doch damals waren die Grünen für eine Mehrheit eben auch nicht erforderlich.

Ein dritter Stabilitätshinweis ist die starke Opposition der Zentrumspartei (Keskerakond) unter Edgar Savisaar, welche sich, immer wenn in der Opposition, sozialdemokratisch geriert. Sie war allerdings bis 2007 der Partner Ansips in einer nur aus den beiden stärksten Fraktionen bestehenden Koalition. Und dies war auch nicht das erste Mal, daß im Laufe einer Legislaturperiode ein Partnertausch stattfand.

In den Jahren seit 1992 hat sich auf diese Weise zwar keine Regierung vier Jahre an der Macht halten können, die Politik hat sich jedoch jeweils nur in Nuancen verändert, das Ergebnis stabiler Verhältnisse.

Wenig verwundert, daß die Volksunion (Rahvaliit) den Sprung ins Parlament laut Umfragewerten nicht schaffen würde. Seit der frühere kommunistische Funktionär und spätere Präsident Arnold Rüütel die Politik verlassen hat, fehlt die populäre und bekannte Figur. Hinzu kommt, daß der wichtigste Politiker dieser Partei, Villu Reiljan, kämpft seit langem mit Korruptionsvorwürfen. Vor wenigen Monaten entzog das Parlament ihm die Immunität.

Dies war der zweite Text:

Gewiß ist Estland nicht Deutschland. Aber in den 90ern sollte der entsprechende Satz einen Prozeß andeuten. Doch in einem Punkt gibt es eine vielleicht sogar deutlichere Ähnlichkeit: Das Vertrauen in staatliche Institutionen und die Politik sinkt, wie Postimees am gleichen Tag in einem anderen Artikel berichtet. Hintergrund sind nach Meinung der Demoskopen die Krise im Kaukasus wie auch innenpolitische Debatten um den Haushalt. Interessant ist besonders die anhaltende Beliebtheit des Ministerpräsidenten Andrus Ansip. Sein Vertrauenswert übersteigt mit 59% alle anderen politischen Institutionen.

Eesti muutub Saksamaaks - Estland wird zu Deutschland war konkret ein Witz, den ich vor über zehn Jahren mit einem in Lettland lebenden estnischen Freund regelmäßig bemüht habe, wenn wir gemeinsam in Riga unterwegs waren und die Veränderungen Estlands und Lettlands miteinander verglichen.

Daß in Estland alles besser sei, haben die Letten schon oft gehört, und die Deutschen lesen regelmäßig in der Presse von diesem erfolgreichsten der drei baltischen Länder: Wählen im Internet und so, alles ganz fortschrittlich. Das prägt das Bild eines Landes in Stabilität und Zufriedenheit. Gewiß, die Finanzkrise hat dem Image ein paar Kratzer verpaßt, aber immerhin konnte sich Estland sogar beim Rettungsschirm für Lettland beteiligen.

Nun hat Estland ein neues Parlament gewählt und das Ergebnis ist wirklich bemerkenswert vor dem Hintergrund, daß Estland trotz aller Anstrengungen einiger Kreise, von eben diesem Faktum ablenken, ein Transformationsland ist, in welchem vor 20 Jahren der Übergang von Diktatur zur Demokratie und von der Planwirtschaft zur Marktwirtschaft stattfand.

Typisch für die politischen Landschaften dieser Staaten war über zwei Jahrzehnte deren politische Unübersichtlichkeit. Da die künstlich nivellierten Gesellschaften einfach keine Ahnung hatten, was konservativ, liberal oder sozialdemokratisch ist und es die entsprechenden Milieus zur Bildung solcher Parteien auch gar nicht gab, orientierte sich das Volk mehr an Personen als Parteien, die sich zur Vermeidung dieses negativ belasteten Begriffes prosaische bis populistische Namen gaben oder einfach einen Spruch irgendwo ausliehen - Neue Zeit, Recht und Gerechtigkeit oder Für Vaterland und Freiheit wären solche Beispiele. Gerne erinnert man sich nach der Spaltung auch an das große und das kleine Bier in Polen (das ist kein Scherz!). Das Volk, an pateranalistische Strukturen gewöhnt, gab oftmals nur zu gerne die Verantwortung nach oben ab, weshalb politische Parteien von Politologen der mangelnden Mitglieder wegen gerne ebenso prosaisch Telefonzellen- oder Taxiparteien nannten - in Anspielung auf mögliche Versammlungsräume.

Typisch war für die Parlamente des post-sozialistischen Raumes eine kaleidoskopische Entwicklung, Spaltungen, Vereinigungen, Parteiwechsel und so weiter, so daß dem Beobachter leicht schwindelig werden konnte. Oft schafften Regierungen keine Legislaturperiode lang, sich an der Macht zu halten, geschweige denn Wahlen zu gewinnen.

Und jetzt kommen die Esten. Im neuen Parlament sitzen nur noch vier Fraktionen. Die bislang als Minderheitsregierung amtierende Koalition wurde trotz aller Härten der Wirtschaftskrise satt bestätigt. Ministerpräsident Andrus Ansip ist nunmehr seit bald sechs Jahren im Amt und hat bereits zwei Wahlen überstanden. So etwas ist zwischen Estland und Bulgarien in den osteuropäischen Staaten nach dem Fall des eisernen Vorhanges überhaupt noch nie vorgekommen.

Die Reformpartei des Regierungschefs rechnet trotzdem mit Koalitionsverhandlungen, die sich etwa einen Monat hinziehen werden. Die Begründung für diese im Vergleich mit früheren Regierungen längere Zeit? 2007 habe niemand damit gerechnet, daß die Regierung die ganze Legislaturperiode durchhalten werde. Davon gehe man dieses Mal aber aus, weshalb die Verhandlungen aufmerksamer geführt werden müßten.

Aber welche Stolpersteine gibt es für zwei Partner, die es nach der Wahl zügig für logisch erklärt haben, die Zusammenarbeit fortsetzen zu wollen? Die konservative IRL (Union aus der Vaterlandsunion und der früheren Saubermannpartei Res Publica) hat etwas mehr zulegen können, als die Reformpartei, bleibt aber trotzdem der kleinere Partner. Vor vier Jahren wäre der frühere, zweimalige Ministerpräsident Maart Laar, der fließend deutsch spricht, gerne Außenminister geworden. Das war schwierig, weil der Reformpartei-Politiker Urmas Paet das Amt besetzte und sich dort als Nachwuchspolitiker Ansehen erworben hatte. Es ist anzunehmen, daß so wie Laar damals auf jegliches Ministeramt verzichtete auch dieses Mal die Regierungsbildung durch solche Ambitionen nicht verhindert wird.

Im vier Parteien umfassenden neuen Parlament gibt es auch irgendwie keine Alternative. Die Reformpartei könnte noch alternativ mit Savisaars Zentrumspartei koalieren, was aber aus inhaltlichen Gründen genauso wie eine Zusammenarbeit mit den erstarkten Sozialdemokraten unwahrscheinlich ist. Nach deren innerparteilichen Querelen im Herbst 2009 sind die 19 Sitze für den neuen Vorsitzenden Sven Mikser ein großer Erfolg, den sie wohl auch dem Zerfall der Volksunion zu verdanken haben. Diese Partei um frühere Kader der kommunistischen Partei war vor allem auf dem lande beliebt. Aber zusammen mit der Reformpartei käme dieses ungleiche Gespann auf 52 Mandate, nur eines mehr als die absolute Mehrheit - zu unsicher. Und dann könnten sich rein mathematisch noch drei Partner gegen die Reformpartei zusammenschließen, was aus inhaltlichen Gründen vielleicht sogar noch eher ginge als gegen die persönlichen Animositäten. Mit Edgar Savisaar wurde in den vergangenen 20 Jahren nur in zwei Ausnahmefällen koaliert.

Weil Savisaar das weiß, hat er jetzt für eine Regierungsbeteiligung seiner Partei angeboten, vom Amt des Parteivorsitzenden zurückzutreten. Das hatte er nach seinem Aufzeichnungsskandal 1995 schon einmal gemacht, um später fulminant zurückzukehren.

In Estland, so sieht es aus, bleibt die nächsten vier Jahre alles beim Alten. Offen ist wohl einzig die Frage, was aus der sich in der Opposition gerne sozialdemokratisch gebenden Zentrumspartei, die in der Vergangenheit vor allem russische Wähler ansprach und ins Parteiensystem ohne ethnische Partei integrierte, in Zukunft wird, wenn Savisaar einst schon aus Altersgründen nicht mehr da sein wird.

Nun doch Wahlrechtsdiskussion in Estland

Der amerikanisch-estnische Politologe Rein Taagepera hat schon früher das estnische Wahlsystem als Maschine zur Enttäuschung der Wähler bezeichnet. Auf seien Vorschlag ging bei den letzten Wahlen zum Obersten Sowjet 1990 die Anwendung des irischen Single Transferable Vote zurück.

Diskussionen über Wahlsysteme gab es nicht seit dem Zweiten Weltkrieg viele. Und unter Wahlrechtexperten gilt das irische System als eines der gerechtesten der Welt. Es handelt sich eigentlich um eine Mehrheitswahl in vergleichsweise kleinen Wahlkreisen mit etwa fünf Mandaten, doch in Folge der komplizierten Verrechnung ist das Ergebnis ziemlich proportional. Das estnische Wahlsystem ist ein proportionales in größeren Wahlkreisen von knapp über zehn Mandaten. Doch die Schwierigkeit beruht darin, daß nur etwa ein Zehntel bis ein Fünftel der Mandate von Kandidaten direkt erworben werden, während die restlichen Sitze durch Kompensationsmandate besetzt werden. Ein sehr kompliziert klingendes, aber in Wahrheit doch nicht so kompliziertes Verfahren der sogenannten Vorzugsstimme, das die Esten von Finnland übernommen haben. Ohne mathematisch in die Tiefe gehen zu wollen, könnte man es so formulieren: Jene Stimmen, die ein Kandidat für seinen Sitz zu viel bekommen hat, werden in Irland nach Wunsch des Wählers auf dem Wahlzettel weiterverteilt. In Estland aber gehen diese Stimmen als Kompensation an von den Parteien der erfolgreichen Kandidaten festgelegte Listen.

War in den vergangenen 20 Jahren dies keine große Diskussion wert in Estland, so gehen jetzt gleich mehrere Sozialwissenschaftler an die Öffentlichkeit: darunter natürlich Rein Taagepera, aber auch Juhan Kivirähk, Martin Mölder und der in England arbeitender Kollege Allan Sikk.

Alle sagen gleichermaßen, daß diese Kompensationsmandate abgeschafft werden sollten. Kivirähk ist der Ansicht, daß die Verteilung der überschüssigen Stimmen nicht auf nationaler Ebene, sondern gleich im Wahlkreis erfolgen sollte. Das aber würde nichts daran ändern, daß Politiker plötzlich ins Parlament gewählt würden, für die der Bürger nicht gestimmt hat, daß populäre Politiker wie eine Lokomotive für ihre Parteifreunde wirken.

Mölder geht bei der Diskussion noch etwas weiter und bezieht das Parteiensystem ein. Er weist auf die Fragezeichen eines Parlamentes hin, welches auf den ersten Blick den Eindruck einer konsolidierten Parteienlandschaft hinterläßt, in dem es Konservative, Liberale, Sozialdemokraten und ein Zentrum gibt. Deren Parteichef Edgar Savisaar gilt als Paria der estnischen Politik, wie auch in diesem Blog mehrfach berichtet wurde. Auf diese Weise, so

Mölder, bleibt nur eine Koalitionsmöglichkeit übrig – das neo-liberale Bündnis aus der Reformpartei und der Vaterlandsunion.

Mölder läßt allerdings offen, wo er die direkte Verbindung zwischen Wahl- und Parteiensystem sieht. Sicher ist nur eins, Savisaar war immer der König der Direktstimmen, will sagen, das bestehende Wahlrecht begünstigt durch seine Popularität in der einen Hälfte der Bevölkerung die Zentrumspartei seit jeher. Mölder vergißt, daß rein biologisch eines Tages die Tage des Edgar Savisaar gezählt sein werden. Und was dann aus der Zentrumspartei wird, ist einstweilen völlig offen. Bereits 1995 hat sein Rücktritt nach dem Aufzeichnungsskandal zwar Andra Veidemann zur Abspaltung getrieben, aber wer erinnert sich heute noch an sie? Savisaar kehrte bald fulminant wieder und wurde nach dem Zusammenbruch von Res Publica von Andrus Asip als Koalitionspartner benötigt.

Mölder prognostiziert zu den nächsten Wahlen das Erscheinen neuer Parteien. Er glaube nicht an eine Rückkehr der Volksunion oder der Grünen, die im März den Wiedereinzug ins Parlament nicht geschafft hatten. Nachdem die Reformpartei selbst 1994 die letzte der genuin neuen Parteien (Allan Sikk) war, stellt sich die Frage, welches politische Spektrum in den Augen der Wähler in Estland nicht abgedeckt ist oder wo es eine glaubwürdigere politische Alternative geben könnte. Und wer sollte diese führen?

Sicher ist, daß das estnische Wahlsystem ähnlich dem deutschen dem Wähler wenig Möglichkeit gibt, die personelle Zusammensetzung der Fraktionen zu bestimmen, ganz im Gegensatz zu den lose gebundenen Listen im benachbarten Lettland. In Estland wiederum können wenigstens theoretisch Einzelkandidaten Erfolg haben, was Mölder seinerseits im Interesse einer nicht zu großen Zersplitterung des Parlaments eher als Ausnahme denn als Regel bezeichnet.

Zweifel an elektronischer Stimmabgabe

Der Tartuer Informatik-Student Paavo Pihelgas verlangt die Annullierung der elektronisch abgegebenen Stimmen bei der Parlamentswahl vom 6. März. Er sagt, er habe sich zu interessieren begonnen, wie das System funktioniert, nachdem der Projektleiter Tarvi Martens öffentlich behauptet hatte, die elektronische Wahl sei sicherer als die auf dem Wahlzettel.

Welche Schwierigkeiten mit die Sicherheit der Daten im Netz verbunden sind, ist in vielen Fällen und verschiedenen Ländern umfangreich diskutiert worden. Und selbstverständlich läßt sich eine Wahl auch fälschen, wenn Zettel in einer Urne gezählt werden oder es gibt Schwierigkeiten mit dem Verständnis dessen, was der Wähler wählen wollte. Normalerweise müssen unklare Wahlzettel in den Kasten der ungültigen Stimmen fallen. Das ist bei einem Kreuzchen wie in Deutschland nicht so schwierig zu erkennen. In Lettland gibt es nicht nur einen Zettel, sondern für jede Partei einen eigenen, so daß jeder Wahlumschlag mit nur EINEM Wahlzettel klar und gültig ist - übrigens auch dann, wenn der Wähler irgendwelche unflätigen Bemerkungen darauf hinterläßt.
In Estland aber trägt der Wähler die Nummer eines Kandidaten mit dem Kugelschreiber ein. Hier kommt also noch das Handschriftproblem hinzu. 4 oder auch 2 und 7 können manchmal ziemlich ähnlich aussehen.
Pihelgas versuchte nun während der Probewahl die Software mit einem eigenen Programm zu stören, was Martens angeblich beim Einloggen bemerkt haben will. Der von dem Studenten programmierte Virus blockiert nach Aussagen des jungen Informatikers die Stimmabgabe für einen bestimmten Kandidaten, und wenn der Wahlvorgang im Netz abgeschlossen ist, erhält der fragliche Politiker die Stimme nicht. Der Wähler bemerkt dies nicht, weil der Virus eine nachgeahmte Seite auf dem Bildschirm anzeigt. Martens gibt zu, das schwächste Glied beim elektronischen Wählen sei der private Computer des Wählers. Die Wahlkommission habe schließlich keine Möglichkeit zu prüfen, ob mit dem Computer, von dem aus ein Wähler sich in das System einloggt, alles in Ordnung ist.
Und so argumentierten auch einige weitere vom estnischen Fernsehen befragten Spezialisten, die darauf hinwiesen, daß eine solche Wahlmanipulation von der Verbreitung des Virus abhänge. Der Behauptung, die Verbreitung eines Virus koste Zeit, mag man noch mit Skepsis begegnen, richtig aber ist sicher, daß jeder Wähler seine eigene Wahl trifft und jeder Rechner speziell durch eine Virus-Attacke angegriffen werden müsse.
Pihelgas schlägt vor, daß mit der Stimmabgabe eine Art Paßwort verschickt wird, welches vom Rechner der Wahlkommission an den Wähler zurückgeschickt wird, der dann prüfen kann, ob die Codes übereinstimmen. Martens entgegnet dem, daß damit auch wieder Schwierigkeiten verbunden seien und es sowieso niemals absolute Sicherheit gebe.

Ilves wiedergewählt - Estlands Stabilität

Erst im März hat Estland ein neues Parlament gewählt, in dem erst mal nur vier Parteien sitzen und derer nur zwei die Regierungskoalition bilden. Nun hat das Parlament erstmals seit der Unabhängigkeit gleich im ersten Wahlgang einen Präsidenten gewählt.

In den vergangenen 20 Jahren war ungeachtet selbst der Popularität von Lennart Meri, der in der außerverfassungsmäßigen Volkswahl von 1992 sogar beinahe dem kommunistischen Kader Arnold Rüütel unterlegen wäre, niemals gelungen, die erforderliche zwei Drittel-Mehrheit im Parlament zu erringen, immer mußte der Wahlausschuß unter Beteiligung der Kommunalabgeordneten zusammengerufen werden, der noch 2001 selbigen Arnold Rüütel entgegen einer konservativen Mehrheit im Parlament ins Amt gebracht hatte.

Toomas Hendrik Ilves ist trotzdem ein problematischer Politiker. Er ist ein aus Amerika heimgekehrter Exilant, der in den 90er Jahren zwei Mal Außenminister war und sich in dieser Zeit wiederholt gegen die Bezeichnung Estlands als post-kommunistischer Staat gewandt, dessen nordeuropäische Rolle betont hatte. Ilves ist mit einer deutlich jüngeren Frau verheiratet, die in Estland für kopfschütteln sorgt.

Seine Wiederwahl sicherte nun der Umstand, daß die beiden Regierungsparteien Reformpartei und Vaterlandsunion hinter ihm standen und natürlich auch seine politische Heimat, die oppositionellen nur bedingt sozialdemokratischen Sozialdemokraten. Von diesen Fraktionen fehlten ihm trotzdem zwei Stimmen. Gegenkandidat war der Entertainer Indrek Tarand, der als parteiloser Kandidat 2009 bei den Europawahlen mit einem Rekordresultat gewählt worden war. Tarand war außerdem Berater des früheren Außenministers Ilves. Die oppositionelle und politisch regelmäßig isolierte Zentrumspartei des Tallinner Bürgermeisters Edgar Savisaar hatte lediglich keine andere Persönlichkeit zu nominieren.

Spionageziel Estland

Erneut Spion in Estland enttarnt

Estland hat wieder einen russische Spion gefaßt. Vor gut zwei Jahren war es Herman Simm, der durch die Schlagzeilen ging und von Spiegel online sogar als größter „Fisch" der Bündnisgeschichte bezeichnet wurde.

Der neue Fall heißt Alexej Dressen mit Gattin Viktorija, die von der Kaitsepolitsei, so etwas wie der Verfassungsschutz, bereits seit Jahren verdächtigt wurden, für die Russen zu arbeiten und jüngst am Flughafen verhaftet wurden. Da seine Tätigkeit mehr oder weniger bekannt war, hielt man den von ihm angerichteten Schaden auch deshalb für geringfügig, weil über ihn den Russen gerade jene Dokumente zugespielt wurden, welche die estnische Regierung dafür vorsah. Folglich hat Rußland Schwierigkeiten mit der Auswertung.
2008 war es exakt Simm als wichtigerer Fall, der alle Aufmerksamkeit auf sich zog, weshalb der Verfassungsschutz die Beschäftigung mit Dressen unterbrach. Dieser hatte wohl bewußt regelmäßig seine Freizeit mit einem Vorgesetzten auf ein Bier in die Kneipe verbracht, weil dieser in privater Atmosphäre das ein oder andere ausplauderte, obwohl er selbst für feuchtfröhliche Anlässe weniger Sinn gehabt habe.
Der Verfassungsschutz mußte anschließend Beweise sammeln, denn Agenten wie Dressen fürchteten weniger die Entlassung aus dem „offiziellen" Dienst als eine Bestrafung für ihre Spionage. Die Arbeit des Verfassungsschutz wurde auch deshalb komplizierter, weil Dressen als in Riga geboren auch dorthin über gute Kontakte verfügte.
Beim Verfassungsschutz hatte Dressen seit 2001 gearbeitet. Intern hält sich das Gerücht, Dressen könnte für die Russen rekrutiert worden sein, weil er nach mehreren Problemen innerhalb der Behörde seit 2007 keine Aufstiegschancen mehr gesehen habe. Der Verfassungsschutz dementiert das, Dressen seien verschiedene Angebote gemacht worden.

Russischer 007 in Estland

Am 21. September wurde in Tallinn Herman Simm (61), ein Mitarbeiter des Verteidigungsministeriums, gemeinsam mit seiner Frau Heete als mutmaßliche Agenten des russischen Geheimdienstes verhaftet.
Die Affäre ist für die estnischen Behörden so pikant, daß kaum Informationen an die Öffentlichkeit dringen und nur stückweise bekannt wird, welcher Schaden dem Land und dem Verteidigungsbündnis durch Simm konkret entstanden ist. Das Ehepaar Simm und seine Anwälte wie auch die NATO selbst schweigen anfangs ebenfalls. Simm behauptet jetzt, er sei von den Russen unter Druck gesetzt worden und darum den Weg des geringeren Widerstandes gegangen.

Simm hatte bereits in den 80er Jahren Kontakt mit dem KGB aufgenommen, als im Baltikum die Proteste gegen die Sowjetherrschaft begannen und es als möglich erschien, daß die baltischen Staaten aus dem Staatsverband der Sowjetunion herausgelöst würden. Der russische Geheimdienst hat Simm offensichtlich als Schläfer bewahrt.
Simm machte in Estland nach der Unabhängigkeit zügig Karriere. 1994 wurde er Chef der Polizei, wo Heete Simm früher als Anwältin arbeitete, und wechselte später ins Verteidigungsministerium, wo er für die Koordination mit NATO und EU zuständig war. Simm hatte folglich Zugang zu allen geheimen Dokumenten, die zwischen den Hauptstädten der beteiligten Staaten kursieren. In den vergangenen Monaten betraf dies insbesondere Informationen über den Kosovo, Afghanistan und Georgien.
Seit September geben sich Delegationen von NATO und EU in Tallinn die Klinke in die Hand, um herauszufinden, was genau Simm den Russen übermittelt hat. Der Direktor des NATO Office of Security (NOS), Michael Turner Evanoff, leitet die Untersuchungen und bestätigt das enorme Ausmaß des Verrates. Ein Vertreter der deutschen Regierung spricht von einer Katastrophe, und der estnische Abgeordnete Jaanus Rahumägi, der dem Kontrollausschuß der Geheimdienste vorsitzt, bezeichnet den Vorfall als historischen Schaden. Auch die NATO in Brüssel verlautbart, Simm sei das größte Leck seit dem Ende des kalten Krieges.
Die Presse amüsiert derweil, daß Simm ein altes umgebautes Kofferradio für die Kommunikation mit seinen Kontaktpersonen benutzte, das an längst vergangene Zeiten erinnert. Auch handelte es sich wie während des Kalten Krieges um ein spionierendes Ehepaar.
Simm wurde wahrscheinlich weniger aus ideologischen Gründen als des Geldes wegen zum Agent. Er erwarb in den letzten Jahren kostspielige Immobilien, ein Grundstück am Meer und eine Villa in Saue bei Tallinn, weshalb die Behörden schließlich auf ihn aufmerksam wurden. Als sich ein anderer Este, den der russische Geheimdienst anzuwerben versuchte, den Behörden anvertraute, flog Simm auf.
Die NATO versucht nun, die russischen Pläne zu entschlüsseln, weil man befürchtet, daß es durchaus weitere Lecks in Osteuropa geben könnte. In Brüssel geht man davon aus, daß der russische Geheimnis eine ganze Reihe von Simms in den baltischen Staaten unterhält.
Rußland hat zwar nun einen Spion verloren. Doch gleichzeitig kann Moskau Rache am Westen nehmen für die über Jahre abgelehnte Osterweiterung der NATO. Nach Ansicht

von Spiegel online zeigt der Vorfall, wie verletzbar die NATO durch diesen politisch gewollten Schritt geworden ist. Möglicherweise unterminiert der Fall Simm auch das Vertrauen des Westens in die neuen Mitgliedstaaten, deren Zugang zu geheimen Dokumenten bislang den Kenntnissen in westlichen Hauptstädten entsprach.
Dies berichtet die estnische Tageszeitung Postimees unter Berufung auf Daily Telegraph, Daily Mail und Spiegel.

Ein echter Spionage-Thriller

Der Este Herman Simm sitzt im Gefängnis, weil er für Rußland spioniert hat und als der größte „Fisch" in der Bündnisgeschichte gilt. So schrieb jüngst Spiegel online und veröffentlichte ein Interview.
Spionage und Geheimdienst sind nicht nur regelmäßig spektakuläre Themen für das Kino. Bei 007 ist es in der Regel keine Schwierigkeit, zwischen gut und böse zu unterscheiden und dem Kampf der Parteien zu folgen. Bei „Mission Impossible" stellt sich schon eher die Frage, welche Mission da eigentlich unmöglich sein soll. Aber zurück in die Realität. Ob nun der Alltag der Agenten ganz oder teilweise so spannend ist wie ihre Hollywood Darstellung, mag dahingestellt sein. Publikationen in der Presse spielen jedoch allemal mit dem Wechsel zwischen Wirklichkeit und Fiktion oder Projektion.
So darf Simm Spiegel online auf die Frage, warum beim Interview zwei estnische Sicherheitspolizisten anwesend sind, völlig unkommentiert sagen, er gelte als dicker Fisch. Danach wird Simm schon gefragt, warum er so gut deutsch spricht. Was tut das zur Sache? Welchen Nutzen soll das bei seiner Tat gehabt haben? In Estland sprechen viele Menschen gut deutsch, nicht nur solche, die in Deutschland Verwandte haben, wie Simm von sich behauptet. Spiegel online erwähnt im weiteren Verlaufe des Gespräches mehrfach die Reaktion der Anwesenden und Wortwechsel in Estnischer Sprache. Während davon auszugehen ist, daß die Spiegel online Vertreter kein Estnisch verstehen, geben sie gleichzeitig keine Auskunft darüber, ob die Beobachter ihrerseits Deutsch verstehen. Aus dem Kontext geht einzig hervor, daß das Gespräch offensichtlich auf Deutsch geführt wurde.
Anschließend wird Simm nach seiner Karriere befragt mit dem Ziel, den Zeitpunkt seiner Anwerbung herauszufinden. Simm meint, daß der KGB in der Sowjetzeit keine Polizisten anwerben durfte. Erst nachdem er wegen falscher Beschuldigungen Mitte der 90er Jahre

als Polizeichef entlassen worden war, sei er aus Frust während eines Urlaubs in Tunesien auf ein Angebot eingegangen. Dies vorgeblich vor dem Hintergrund von Drohungen gegen das Wohl seiner Tochter.

Und dann geht das Gespräch zurück zu seiner Karriere, wo Spiegel online sich über den anschließenden Aufstieg im Verteidigungsministerium erkundigt, den Simm abwiegelt. Immerhin gibt er auf Nachfrage zu, daß es anfangs schwierig und mit jeder höheren Position immer einfacher gewesen sei, Informationen aus der Behörde zu schmuggeln.

Simm meint, es sei ein Leben auf des Messers Schneide gewesen. Er sei bereits nervös geworden, einen Menschen zwei Mal am Tag zu treffen, habe sich aber bei guter Musik und guten Filmen zu entspannen verstanden.

Als es im Gespräch schließlich um seine konkrete Arbeit geht, mischen sich die Beobachter ein. Simm fragt die Journalisten, zu welcher Geheimhaltungsstufe sie Zugang hätten, was die Gefragten damit beantworten, in ihrem Berufsstand überhaupt keinen Zugang zu haben. Wäre dieser Wortwechsel nötig gewesen? Während die Redakteure ihr Unverständnis äußern, behauptet Simm, die Beobachter hätten dies so verlangt.

Zwei weitere derartige Unterbrechungen vermeldet Spiegel online, während es um die technische Abwicklung des Kontaktes geht. Simm entschuldigt sich und erklärt auf die Frage, was er sagen dürfe, daß er eigentlich gar nichts sagen dürfe und gerade 46 Tage Einzelhaft hinter sich habe - nachdem Spiegel online das Interview beantragt hatte, so zumindest behaupten es die Redakteure.

Abschließend meint Simm, daß er durch die Reaktion seiner Kontakte und Gerüchte geahnt habe, bald verhaftet zu werden. Doch damals habe es keinen Ausweg gegeben. Im Westen hätte man ihn gesucht, den Russen aber habe er nicht getraut.

Lustig nur, daß gegen Ende Spiegel online die Muttersprache von Simm in kursiv plötzlich als Estländisch bezeichnet. Zum Glück ist das Interview nicht auf Deutschländisch publiziert worden.

Jetzt also auch die Rechte Rußlandfreund?

Es kaum mehr als ein Jahr her, daß in Estland ein Skandal rund um den Bürgermeister von Tallinn und Chef der größten Oppositionspartei, Edgar Savisaar, durch die Presse ging.

Dieser habe russische Oligarchen um Hilfe gebeten, den Neubau einer russisch-orthodoxen Kirche im Stadtteil Lasnamäe zu finanzieren, wo viele Russen leben, die Savisaar zumeist auch wählen. Die Empörung war gerade unter national und konservativ gesinnten politischen Kräften groß.

Nun gibt es einen neuen Skandal im Dunstkreis russischen Einflusses, der gerade diese politische Kräfte trifft. Die Minister für Inneres und Wirtschaft der liberalkonservativen Regierungskoalition behaupten, sie hätten davon nichts gewußt, doch ihre Kritiker meinen, daß die Ereignisse auch dann ein Rücktrittsgrund seien. Was ist genau passiert? Einige Russen haben offensichtlich mit Unterstützung der Behörden illegal Aufenthaltsgenehmigungen bekommen. Dabei ist der eigentliche Skandal nicht allein dieser Umstand, sondern die damit verbundene Korruption, eventuelle Bestechungen und mehr noch der Kreis der begünstigten Personen, die von einigen als Verbrecher bezeichnet werden. Die Verantwortlichen gehören der konservativen Vaterlandspartei an, deren Generalsekretär einstweilen sogar abstreitet, daß diese Praxis der Vergabe von Aufenthaltsgenehmigungen gegen die Prinzipien der Partei verstoße.

Dies ist ein neuerlicher Schlag für die Partei, nachdem ihr bekanntester Spitzenpolitiker und ehemaliger Ministerpräsident, Verteidigungsminister Mart Laar, seit einem Schlaganfall seit Wochen politisch außer Gefecht gesetzt ist und ebenfalls erst jüngst 60 Politiker der sogenannte Pullover-Fraktion die Partei verlassen haben. Hier handelt es sich um den nationalkonservativen Kern der Partei, die erst 2006 mit der Anti-Korruptionspartei Res Publica fusioniert hatte.

Einige Politiker haben ihre Konsequenzen gezogen und sich zurückgetreten wie der Tallinner Stadtrat Nikolai Stelmach und der Parlamentsabgeordnete Indrek Raudne, Seinem Kollegen Siim Kabrits wird vorgeworfen, Land an Personen mit illegaler Aufenthaltsgenehmigung verkauft zu haben und dies weiterhin zu verschleiern. Fest steht, daß Kabrits wegen der Vorwürfe keine politische Verantwortung übernehmen will, er habe ebenfalls nichts von den Vorgängen gewußt.

Die Presse vermutet, daß die Begünstigten der Aufenthaltsgenehmigungen in und von Estland aus illegale Geschäfte und Geldwäsche betrieben haben oder aber Estland als sicheren Hafen benötigten, wenn der Boden in Rußland für sie zu heiß wird. Journalisten fragen, ob es nicht merkwürdig sei, wenn in einer einzigen Wohnung in der Altstadt von

Tallinn hundert russische Firmen registriert seien? Diese Wohnung gehört den genannten Politikern gemeinsam.
Die Pulloverfraktion fordert nun auch den Rücktritt von Wirtschaftsminister Juhan Parts und Innenminister Ken-Marti Vaher. Beide gehörten 2002 zu den Gründern von Res Publica

Dudajew und Bin Laden

Eigentlich ist ja die hier beschriebene Geschichte eine aus Lettland, interessiert aber in Estland sicher mehr.
An den Tschetschenenführer Dudajew erinnert sich in Deutschland wohl eher selten jemand. Das ist im Baltikum ganz anders. Der später von den Regierungen der Russischen Föderation als Terrorist dargestellte Mann war in der Sowjetzeit Kommandant des Militärflughafens im estnischen Tartu. An diese Kommandantur erinnert am heutigen Barclay-Hotel eine Gedenktafel. Warum? Dudajew hatte während der singenden Revolution in Estland, an die das letzte Auslandsjournal des ZDFs erinnerte dazu beigetragen, daß die sowjetische Armee nicht eingriff.
Damit nicht genug! Die erste Regierung Mart Laar stürzte 1994, also nach der Unabhängigkeit, über eine Verschwörung mit den Tschetschenen. Die Esten hatten nämlich ihre bei der Nationalbank gelagerten Rubel nicht wie gefordert an Moskau zurückgegeben, sondern über Mittelsmänner nach Grosny transferiert, wo dieses Geld vermutlich für Waffen investiert wurde.
Die Logik hinter diesem Vorgehen? Dudajew hatte sich nicht gegen die Unabhängigkeit des Baltikums von der Sowjetunion gestellt und da wollten sich die Betroffenen in der Gegnerschaft der Tschetschenen gegen die Russische Föderation nicht lumpen lassen. Und die für Westeuropäer zunächst überraschende Unterstützung für das kaukasische Volk drückt sich auch in einer nach Dudajew benannten Straße im lettischen Riga aus. Die Straße heißt zwar Allee, ist aber eine eher kleine Straße weit abseits des Zentrums am Ende von Purvciems.
Nunmehr gibt es neuerlich eine Diskussion über diesen Namen, den es erst seit einem guten Jahrzehnt gibt. Im Radio äußert sich eine russisch sprechende Anwohnerin gleichgül-

tig, während ein Lette von seinem letzten Besuch in Moskau berichtet, wo man nicht fassen konnte, daß der Mann ernsthaft vorgab, in der Dudajew Allee zu wohnen. Da könne man ja gleich eine Straße nach Bin Laden benennen. Die Russin gibt jedoch zu, daß viele Nachbarn einen anderen Namen lieber sähen, während ein zweiter Lette den Namen unterstützt.
Der seit zwei Jahren amtierende russischstämmige Bürgermeister von Riga, Nil Uschakow, würde den Namen gerne ändern, doch das läßt sich gegen den Rat für Denkmäler nur schwer durchsetzen.

Estland kitzelt den russischen Bären

Während auf der Berlinale ein Film des deutschen Regisseurs Cyril Tauschi über den früheren russischen Oligarchen Michail Chodorkowsky (Михаил Ходорковский) gezeigt wird, wird in Estland eine Briefmarke mit seinem Konterfei und dem des ebenfalls verurteilten Geschäftspartner Platon Lebedew (Платон Лебедев) herausgegeben.
Initiator ist offensichtlich Severin Tarasow, der in Estland eine Firma leitet, die mit Metallen handelt und gleichzeitig bei Baltiski Memorial aktiv ist. Diese NRO unterstützt Menschen in der ehemaligen Sowjetunion bei Nachforschungen über die eigene Familie und unterstützt das Erlernen von Fremdsprachen bis hin zu einer Übersiedlung nach Estland. Tarasow begründet das Erscheinen der Marke mit dem Engagement der beiden ehemaligen Geschäftsleute. Das Motiv war im Rahmen des Programms „Minu Mark" (meine Briefmarke) eingereicht worden, daß jedem gegen eine Gebühr erlaubt, gültige Briefmarken mit dem eigenen Motiv zu bestellen. Der Preis hängt von der Menge und vom Nennwert ab.
Der Entwurf der Marke stammte von dem aus Weißrußland stammenden Künstler Perepetschin und hat denn Nennwert von 0,58 Euro oder neun estnischen Kronen. Soviel kostet ein Brief ins europäische Ausland.
Während die meisten Bestellungen aus Rußland kommen, hat der Autor dieser Zeilen bislang keine Kommentare der estnischen Presse entdeckt.

Welcher Este will wirklich nach Brüssel umziehen?

Seit einiger Zeit wird in der estnischen Presse berichtet, wer wohl für welche Partei bei den kommenden Wahlen zum Europaparlament kandidieren wird.

Gegenwärtig sind unter den sechs Abgeordneten in der Heimat ziemlich bekannte Politiker wie der frühere Ministerpräsident Andres Tarand und die frühere Ministerin Katrin Saks von den Sozialdemokraten, die frühere Sozialministerin der Zentrumspartei Siiri Oviir, der vormalige Parlamentspräsident Toomas Savi und der Dissident Tunne Kelam, welcher zu den Mitgründern der estnischen Unabhängigkeitspartei gehörte. Von diesen haben jüngst Andres Tarand und Toomas Savi den Rückzug aus der Politik angekündigt.

Im kommenden Jahr werden auf dem Wahlzettel wohl wieder vergleichbar bekannte Namen stehen. Als erster erklärte der Chef der Zentrumspartei, Edgar Savisaar, er werde kandidieren. Savisaar war von 1990 bis 1992 Ministerpräsident der Volksfrontregierung und führte das Land in die Unabhängigkeit. Sein Politikstil machte ihn unter Politikerkollegen jedoch unbeliebt, weshalb er noch vor der ersten Parlamentswahl abgelöst wurde und es seither nur zwei Mal wieder auf die Regierungsbank geschafft hat. Dabei war der erste Erfolg nur von kurzer Dauer und ging unter dem Namen Lindiskandaal (Aufzeichnungsskandal) in die jüngere estnische Geschichte ein. Savisaar hatte heimlich seine Gespräche während der Koalitionsverhandlungen mitgeschnitten.

Savisaar ist seither in der Heimat gleichermaßen gehaßt wie geliebt, seine Partei erzielt regelmäßig gute Wahlergebnisse, nur will eben von den anderen Parteien - wenn es denn rechnerisch eben geht - keine mit ihm zusammenarbeiten. Aber Savisaars Partei wird insbesondere von der nicht estnischen Bevölkerung gewählt, weshalb er derzeit, und nicht zum ersten Mal, wenigstens in der Hauptstadt Tallinn auftrumpfen kann - er ist Bürgermeister.

Angesichts dieses Zugpferdes bei der Zentrumspartei lassen sich auch die Spitzenvertreter der Konkurrenz nicht lumpen. So planen die Sozialdemokraten bereits auch, ihren Vorsitzenden zu portieren. Ivari Padar ist derzeit Finanzminister in einer Koalitionsregierung mit der Vaterlandunion / Res Publica und der Reformpartei. Die Regierung führt deren Parteichef Andrus Ansip, der nach dem letzten Urnengang 2007 die Koalition mit Edgar Savisaar trotz rechnerischer Möglichkeit durch den Dreierbund ablöste. Auch wird angeblich von seiner Partei gedrängt anzutreten.

Aber warum dieser Aktionismus für eine Wahl zu einem Organ, das bekanntlich eher wenig politischen Einfluß hat?
Nun steht es außer Frage, daß Ansip in seiner politischen Karriere im Inland kein einflußreicheres Amt mehr erreichen kann. Angesichts der verbreiteten Kurzlebigkeit von Regierungen in Estland - Mart Laars zweite Regierung von 1999-2002 hält einstweilen den Rekord - ist es nicht unwahrscheinlich, das jedwede innenpolitische Krise oder irgendein Skandal auch vor den nächsten Wahlen seinen Sturz herbeiführen könnte.
Edgar Savisaar wiederum steht zwar als Bürgermeister im Rampenlicht der Medien, langweilt sich aber sicher auf diesem doch eher einflußlosen Posten, den er entgegen vorherigen Versprechungen von Jüri Ratas übernehmen konnte, weil 2005 seine Partei in der Kommunalwahl gut abgeschnitten hatte. Damals war ihm der Posten weniger wichtig, weil er gerade wenige hundert Meter vom Rathaus entfernt auf dem Domberg als Wirtschaftsminister einen offensichtlich interessanteren Job hatte - eben bis zur Aufkündigung der politischen Ehe mit Ansip 2007. Bürgermeister war Savisaar vorher schon einmal gewesen, hatte das Amt aber durch ein Koalitionsrevirement wieder verloren.
Ivari Padar wiederum hat eine Partei im Rücken, die zu klein ist, um ihm nach der Übernahme verschiedener Ministerien in verschiedenen Koalitionen weitere Perspektiven zu eröffnen.
Da in Brüssel und Straßburg dank der Schwierigkeiten rund um den Lissabonner Vertrag und den Diskussionen innerhalb der Union über die Reaktion auf die Krise im Kaukasus diesen Sommer einige gleichermaßen interessante wie schwierige Dossiers zu verhandeln sind, reizt die erwähnten Herren die Aufgabe vielleicht tatsächlich.
Über Ansips Kandidatur gibt es allerdings einstweilen nur Spekulationen. Er selbst hat eine Absicht negiert und darauf verwiesen, daß ein amtierender Regierungschef nicht für das Europaparlament oder bei Kommunalwahlen kandidieren könne. Die öffentliche Spekulation freilich begründet sich durch das kategorische Nein des Gründers der Reformpartei, früheren Notenbankchefs und Ministerpräsidenten Siim Kallas, der zur Zeit EU-Kommissar in Brüssel ist.
Es ist jedoch zu bezweifeln, daß einer der genannten Politiker tatsächlich im Falle einer erfolgreichen Wahl nach Brüssel übersiedeln würde. Edgars Savisaar erklärte bereits öffentlich, eine solche Zusage könne einstweilen kein Politiker geben, weil bis zur Wahl noch

viel Wasser ins Meer fließe. Er selbst sei außerdem verliebt in Tallinn, wo es noch viel zu tun gebe.

Kern dieser Fragen ist, daß die vergangenen Europawahlen in den baltischen Staaten von den Wählern als Protestwahl genutzt wurden und jene Parteien, die damals an der Regierung waren, abgestraft wurden und auch kleine Parteien Erfolge verbuchen konnten. So kommt es, daß gerade die Reformpartei keinen zugkräftigen Kandidaten hat, der bereits im Europäischen Parlament säße.

Die erst 2007 neu in das nationale Parlament eingezogenen Grünen wollen mit allen ihren Spitzenpolitikern kandidieren. Die Volksunion will sich erst nach ihrem nächsten Parteikongreß entscheiden. Sie hat die Korruptionsaffäre rund um ihren früheren Chef Villu Reiljan zu verkraften.

Da nur sechs Mandate zu vergeben sind, ist die Konkurrenz eng. Es geht für alle Parteien darum, wenigstens ein Mandat zu erringen, für die größeren wäre natürlich nur der Gewinn von zwei Vertretern ein Erfolg.

Oh Wunder, oh Volk, das mit seiner Regierung zufrieden ist

Wann hätte man in einer Demokratie schon einmal gehört, daß das Volk von der eigenen Regierung begeistert wäre. Es ist ganz im Gegenteil normal, daß es nicht so ist, sondern daß es die Politik nicht allen Recht machen kann und der Wähler sich auch schon einmal von seiner eigenen Partei enttäuscht sieht – um sie dann doch wieder zu wählen. Beliebt sind in aller Regel nur Monarchen und repräsentative Präsidenten.

Daß die Bevölkerung in Lettland die Nase voll hat von ihren Politikern, ist seit langem bekannt und alles andere als unbegründet. Anders verhält es sich im Nachbarland Estland.

Die Minister machen nach Ansicht der Esten einen guten Job. Ausgerechnet Ministerpräsident Andrus Ansip ist der einzige bei dem die Zustimmung nur bei 35% liegt, während ebenso viele Menschen vom Gegenteil überzeugt sind.

Zunächst wurden die Menschen gefragt, welche drei Personen ihnen am bekanntesten sind. Hier steht an vorderster Stelle selbstverständlich der Regierungschef, während Regionalminister Siim-Valmar Kiisler der unbekannteste Minister der Regierung ist. Das ist überraschend, weil dieser Minister im Zusammenhang mit der Verwaltungsreform jüngst häufig in den Medien war, sagt der Politologe Tõnis Saarts. Ganz im Gegenteil zu den in der Öffentlichkeit seltener präsenten Ministern für Inneres und Landwirtschaft.

Die Minister wurden alle stärker positiv als negative bewertet. Im Falle von Ministerpräsident Ansip sind sich die Demoskopen nicht sicher, ob die positive Bewertung wirklich von seiner Arbeit abhängt oder nicht eher damit verbunden ist, daß die Esten zu seiner Reformpartei keine reelle Alternative sehen. Ursache für eine positive Einschätzung der Esten könne auch die Ablehnung der Russen sein. Eine Note für einen „ordentlichen Schuljungen", wie die estnische Tageszeitung Postimees formuliert, geben Ansip 27%. Nach unten gedrückt wird die Gesamtbewertung durch die nicht Esten, von denen immerhin 75% den Ministerpräsidenten negativ sehen.

Bei Justizminister Rein Lang halten sich die Bewertungen mit 31% positiv und 28% negativ in der Waage, gleiches gilt für den Blick auf die Nationalität der Befragten. Die besten Werte erhalten mit 67% Kulturministerin Laine Jänes und mit 60% Außenminister Urmas Paet. Er ist gemeinsam mit Verteidigungsminister Jaak Aaviksoo auch in der Beurteilung der Kompetenz ganz oben.

Bei Sozialminister Hanno Pevkuri, Finanzminister Jürgen Ligi und Bildungsminister Tõnis Lukas gehen die Beurteilungen der Esten und der anderen Nationalitäten auseinander, was nach Ansicht der Experten mit den größeren wirtschaftlichen Problemen unter den Russen zusammenhängt, die ihnen Wirtschaft und Finanzen generell in negativem Licht erscheinen läßt.

Eine weitere Untersuchung hat ergeben, daß die Esten seit Dezember wieder optimistisch in die Zukunft schauen.

Damit unterscheidet sich Estland ganz grundlegend von Lettland.

Heißes Eisen „Nordstream"

Als wenn Energie nicht sowieso schon ein heißes Eisen wäre, ist dieses Thema vor allem im Baltikum wichtig. Neben der Wasserkraft in Lettland und Litauen verbrennen die Esten ihren Ölschiefer, außerdem wird die Windkraft in den letzten Jahren ausgebaut. Das alles reicht aber nicht, und man ist deshalb nach wie vor zu einem guten Teil von russischen Gaslieferungen abhängig.

Aus diesem Grund fand man es am Ostufer der Ostsee überhaupt nicht witzig, als Gerhard Schröder mit seinem lupenreinen Demokraten die Nordstream Pipeline durch die Ostsee und den finnischen Meerbusen plante. Diese Pipeline ging nämlich zunächst durch internationale Gewässer und damit buchstäblich an den baltischen Staaten vorbei. Inzwischen ist nicht nur das erste Rohr schon eine ganze Weile in Betrieb und im Oktober durch ein zweites ergänzt worden, sondern es soll noch einmal erweitert werden. Da bleibt eine Reaktion aus Estland nicht aus.

Der estnische Verteidigungsminister Urmas Reinsalu bat seinen Kollegen im Außenamt, Urmas Paet, gegen die dritte und vierte Linie Einspruch einzulegen, nachdem vor einem Monat das russisch-deutsche Projekt Untersuchungen über den estnischen Meeresboden in Auftrag gegeben hatte. Bereits 2007 hatte die estnische Regierung ihre Bedenken gegen die erste Pipeline aus Umweltgründen vorgetragen.

Seit der Fertigstellung der zweiten Linie im Oktober, können nunmehr 55 Millionen Kubikmeter jährlich geliefert werden. Eine Verdoppelung der Kapazität brächten zwei weitere Rohre, die allerdings angesichts der vorher erforderlichen Prüfungen nicht vor 2017 realistisch sind.

Während Moskaus Interesse an Nordstream sich vor allem mit der Umgehung von Ukraine und Weißrußland begründet, wo es regelmäßig in den letzten Jahren zu Konflikten kam, gibt es in Estland gerade in konservativen Kreisen nach wie vor sicherheitspolitische Bedenken, die aus der estnischen Zustimmung zu sowjetischen Militärbasen im Land in der Zwischenkriegszeit mit den bekannten Folgen herrühren. Gleichzeitig gibt es aber auch Stimmen aus der Wirtschaft, die bei einer Zustimmung zur Trasse durch estnische Gewässer Geschäfte mit beiden Partnern von Nordstream, Deutschland und Rußland, wittern. Die früheren Umweltschutzzweifel werden derweil zerstreut, weil die erste Pipeline seit inzwischen mehr als einem Jahr ohne Zwischenfälle betrieben wird.

Daß die neuen Pipelines durch estnisches Gewässer verlaufen sollen, hängt mit zwei Faktoren zusammen: Erstens ist der Weg nach Westeuropa geographisch kürzer als durch finnisches Unterwassergebiet, das zweitens durch entschieden felsigeren Untergrund gekennzeichnet ist, was das Projekt also doppelt verteuern würde. Rußland, das seinerseits im großen Maße für die geordnete Staatsfinanzen vom Verkauf seiner Energieressourcen abhängig ist, fürchtet sich vor steigenden Preisen und damit verbundener größerer Sparsamkeit im Westen, meinen Beobachter.

Deutschland hat gegenüber den Esten zwei Trümpfe in der Hand. Erstens könnte es Estland bei dem geplanten Bau eines schon lange im Baltikum geplanten Flüssiggasspeichers unterstützen, der dann eben nicht nach Lettland gehen würde, wo ebenfalls Interesse als potentieller Standort bekundet wird. Zweitens hat Deutschland in der Eurozone, in der Estland eines der kleinsten und ärmsten Länder ist, einstweilen eine Führungsrolle, weshalb sich die Esten geneigt sehen könnten, sich mit Deutschland gut zu stellen. Und auch Rußland ist trotz aller historischen Belastungen in den vergangenen Jahren angesichts der Krisensituation in der EU ein zunehmend wichtiger Handelspartner geworden.

Es geht also offensichtlich vorwiegend darum, daß es Rußland und Deutschland gelingt, die Angst der Esten vor dem großen östlichen Nachbarn zu zerstreuen und ihn als verläßlichen Partner nicht nur erscheinen zu lassen.

Estlands Politikverdrossenheit

Estland erlebt derzeit eine Welle der Unzufriedenheit mit der Politik. Seit Monaten wird die Regierung öffentlich und in den Medien heftig kritisiert. Dies gipfelte nun in einer Demonstration am 17. November vor dem Parlamentsgebäude in Tallin mit der Losung: „Schluß mit der Lügenpolitik".

Die Aufregung überrascht ein wenig, ist Estland doch politisch unter den baltischen Staaten ein Hort der Stabilität. Seit 1994 ist keine neue Partei mehr gegründet worden, die sich anschließend etabliert hätte. Seit der Wahl von 2011 gibt es nur noch vier Fraktionen im Parlament Riigikogu. Und Ministerpräsident Andrus Ansip ist nunmehr seit sieben Jahren im Amt. Das ist ein Zeitraum, der sich mit westlichen Demokratien messen kann und im Vergleich mit den baltischen Nachbarn ein einsamer Rekord.

Trotzdem sind die Esten in jüngster Zeit zunehmend unglücklich mit ihrer politischen Elite, der Selbstherrlichkeit und fehlende Kommunikation mit den Bürgern vorgeworfen wird. Entscheidungen würden einsam in Hinterzimmern getroffen wie etwa im Frühjahr im Konflikt um ACTA, dem Handelsabkommen gegen Produktpiraterie. Als Parallele zu Deutschland beschweren sich die Menschen über die Basta-Politik Ansips ebenso wie über

die angebliche Alternativlosigkeit. Manche unterstellten dem Regierungschefs auch Amtsmüdigkeit. So wischte die Regierung in letzter Zeit Widerspruch mit dem Hinweis weg, sie sei nun einmal die gewählte Vertretung des Volkes, und man solle sie jetzt einfach arbeiten lassen.
Diese allgemeine Stimmung ist nur der Hintergrund eines handfesten Parteienfinanzierungsskandal der letzten Wochen mit schwarzen Kassen, der ebenfalls Parallelen zu Deutschland aufweist. Der langjährige Abgeordnete Silver Meikar von der Reformpartei des Ministerpräsidenten veröffentlichte am 22. Mai dieses Jahres in der Tageszeitung Postimees eine Selbstbezichtigung. Er habe der Partei nicht von ihm selbst stammendes Geld übergeben, das er wiederum von einem anderen Parteimitglied erhalten habe, nachdem der damalige Generalsekretär und derzeitige Justizminister ihn gefragt hatte, ob er mit dieser Prozedur einverstanden sei. Erst jetzt, drei Jahre später, kamen ihm Zweifel. Die Staatsanwaltschaft ließ den Justizminister verhaften, setzte jedoch ihn und weitere Beschuldigte bald wieder auf freien Fuß mit dem Kommentar der Ermittler, daß die Beschuldigten alle Vorwürfe bestritten und es keine ausreichenden Beweise gäbe.
Zunächst war das Echo gering. In den Umfragen verschob sich die Zustimmung zu konkreten Parteien kaum, und die Opposition versuchte auch nicht, sich den nun als Silver-Gate bezeichneten Skandal im großen Stile zu Nutzen zu machen. Dies führt der Politikwissenschaftler Tõnis Saarts zurück auf das Kartell der politischen Kräfte. Die Parteienfinanzierung ist seit jeher ein schwieriges Thema und trotz langer Debatten darüber herrsche immer noch keine Klarheit darüber, wie sich die Parteien tatsächlich finanzierten und nicht einmal darüber, wie sie sich finanzieren sollten. Und richtig, in der Vergangenheit wurde allem voran der Zentrumspartei des Tallinner Bürgermeisters Edgar Savisaar vorgeworfen, sich von Moskau finanzieren zu lassen; selbst die oppositionellen Sozialdemokraten standen in diesem Ruf. Mit einem Fragezeichen versehen ist außerdem der Verkauf des Büros des konservativen Koalitionspartners von Ansip im Zentrum der Hauptstadt für ein Mehrfaches des eigentlichen Wertes.
Im Oktober wurde dann auch auf Bestreben des Ministerpräsidenten Silver Meikar aus der Partei ausgeschlossen. Das brachte das Faß zum Überlaufen. Am 12. November demonstrierte die Bevölkerung in Tartu, der Heimatstadt von Ansip, vor dem Büro der Reformpartei. Anschließend verfaßten 17 Persönlichkeiten des öffentlichen Lebens und Intellektu-

elle die Charta „Harta 12", unter ihnen so bekannte Personen wie der etwas schillernde Politiker und Publizist Ignar Fjuk, der Sozialoge Juhan Kivirähk, die Politologin und ehemalige Politikerin Marju Lauristin, der Journalist Ahto Lobjakas, der Kolumnist Rein Raud, der Fernsehjournalist Indrek Tarand, der 2009 ein individuelles Mandat im Europaparlament gewonnen hatte wie auch der betroffene Silver Meikar selbst. Die Charta wurde inzwischen von vielen tausend Bürgern im Internet unterzeichnet..
Marju Lauristin und Juhan Kivirähk äußerten sich zu den wichtigsten Punkten der Charta im estnischen Radio. Sie werfen den Parteien eine Monopolisierung der Macht vor, sie kümmerten sich weniger um das Gemeinwohl als um das Wohl bestimmter einflußreicher Kreise. Gerade die Konzentration auf vier Parteien schließe so einen Teil der Bevölkerung von er Partizipation aus. Die Demokratie, so heißt es gleich im ersten Absatz, breche vor den Augen aller zusammen, weil die Macht die demokratischen Spielregeln nicht einhalte. Sie sei käuflich und im Interesse ihres Erhaltes werde gelogen. Aufgabe der Politik sei es, Verantwortung zu übernehmen. Die Bevölkerung erkenne ihre Vorstellung von Ethik in der gegenwärtigen Situation nicht wieder. Die Forderung nach mehr Transparenz bei der Finanzierung ist ebenso nachvollziehbar wie mehr Kommunikation über die Arbeit der Regierung und die Öffnung der Parteien gegenüber der Zivilgesellschaft. Für Sozialwissenschaftler und erfahrene Politiker überraschend die Forderung von Marju Lauristin nach vereinfachten Möglichkeiten für Parteineugründungen und deren Weg ins Parlament anstelle der Aufforderung an die Zivilgesellschaft, sich in den bestehenden Parteien mehr einzubringen.

Umfragen sehen Opposition in Estland vorn

Das demoskopische Institut Emor hat zu Beginn des Jahres 2013 seine aktuellen Zahlen veröffentlicht. Die Unterstützung der Parteien hat sich dabei grundlegend verändert. Es gibt erstmalig eine deutlich Mehrheit für Parteien, die man als mehr oder weniger links bezeichnen könnte. Nach den diversen Skandalen rund um die Parteienfinanzierung und dem Rücktritt des Justizministers Kristen Michael ist die Unterstützung des bisher stärksten politischen Kraft in der Regierung, der liberalen Reformpartei, auf nurmehr 20% gesunken. Der Koalitionspartner, die konservative Vaterlandsunion / Res Publica kommt gar nur auf 16%. Die oppositionellen Sozialdemokraten hingegen, die bereits im Frühjahr 2011 ein überraschend gutes Ergebnis bei den Parlamentswahlen erzielt hatten, werden inzwischen von 27% der Wähler unterstützt und die Zentrumspartei des enfant terrible der estnischen Politik, Edgar Savisaar, liegt mit einem Prozentpunkt darüber bei 28%. Tatsächlich stehen Wahlen erst wieder 2015 an, und freilich kann sich bis dahin viel ändern und immerhin 38% haben Emor gegenüber geäußert, daß sie sich einstweilen nicht entscheiden können. Sicher aber scheint, daß die estnischen Wähler der politischen Stabilität überdrüssig sind. Ministerpräsident Andrus Ansip ist immerhin schon seit 2005 im Amt, ein einsamer Rekord für baltische Verhältnisse. Edgar Savisaar war der Regierungschef der Regierung der Volksfront während der Gorbatschow-Ära hinein in die Unabhängigkeit. Der Mann, der das Volk in Estland stark in Anhänger und Gegner spaltet, wartet seither auf einen neuerlichen Sieg, war an zwei Regierungen allerdings nur beteiligt, obwohl seine Partei bereits in den 90er Jahren nicht selten die stärkste politische Kraft war, es ihr aber an Partnern für eine Regierungsbildung fehlte.

Bündel von Versäumnissen

Bericht über den Untergang des „Estonia" vorgelegt

Tallinn. - Drei Jahre nach dem dramatischen Unglück der „Estonia" im September 1994, bei dem 852 Menschen den Tod fanden, legte die von Schweden, Finnland und Estland gebildete Untersuchungskommission gestern ihren Bericht vor. Man hat sich viel Mühe gegeben. Mit detaillierten Untersuchungen und Interviews wurde nicht nur der Frage nachgegangen, wie es zu der Katastrophe kommen konnte sondern auch, warum die Rettungsaktionen nicht schneller und effizienter waren.

Der Vorsitzende der internationalen Untersuchungskommission zum Unglück der Estonia eröffnete gestern die Pressekonferenz mit dem Hinweis, das Ziel sei eine unabhängige Untersuchung des Unglücks nicht die Suche nach Schuldigen gewesen, weshalb im Schlußbericht nun kein einziger Name der beteiligten Personen auftaucht.

Für die Nacht auf den 28. September 1994 war ein starker Sturm angekündigt. Als die Fähre auf ihrem Weg von Tallinn nach Stockholm das offene Meer erreichte, schlugen die Wellen bis zu vier Meter hoch bei einer Windstärke von 18-20m pro Sekunde. Diese Wetterverhältnisse waren nach Ansicht der Kommission nicht extrem, doch seit die Estonia Anfang 1993 ihren Dienst für die Estline aufgenommen hatte, war es den Wetteraufzeichnungen zu Folge nur ein bis zwei mal ähnlich stürmisch gewesen.

Mit Wucht peitschte das Wasser gegen das Visier und drückte es nach oben, die Richtung, in der es geöffnet wird. Diesem Druck hielt gegen 1.00 Uhr in der Nacht der Verschluß nicht mehr stand. Ein erster Verschluß brach. Das Geräusch wurde von der Mannschaft wahrgenommen, da aber nichts weiter passierte, ging man der Sache nicht länger nach.

Bald platze jedoch noch ein zweiter Riegel ab, das Visier war nun teilweise geöffnet ebenso wie die dahinter verborgene Rampe, über die das Schiff mit Fahrzeugen beladen wird. Die Wucht der Wellen besorgte schnell ein Übriges, das Visier stürzte ins Meer und riß dabei die Rampe des Autodecks, mit dem es mechanisch verbunden war, herunter. Damit klaffte am Bug der Fähre nun ein großes Loch. Das einströmende Wasser sorgte schnell für eine Schlagseite von rund 30 Grad.

Nach Ansicht der Kommission wäre die Lage weniger schwierig gewesen, wenn die Estonia im Hafen von Tallinn anders beladen worden wäre oder wenigstens durch eine Reduktion der Geschwindigkeit des mit voller Kraft fahrenden Schiffs nach dem ersten Bruch die auf den Bug wirkende Kraft vermindert worden wäre. Andererseits gab auch die Kommission zu bedenken, daß die Höhe der Wellen den Druck am stärksten beeinflussen. Nur 0,5m höhere Wellen hätten die auf das Visier wirkende Gewalt verdoppelt.

Die Kommission legte außerdem Wert auf die Feststellung, daß die Estonia dem Stand der Vorschriften zur Folge seetüchtig gewesen sei. Alle Papiere waren in Ordnung, die Inspektionen durchgeführt. Trotzdem wurde das Schiff bei seinem Bau Ende der 70er Jahre nicht entsprechend den Empfehlung der SOLAS-Konvention für die Sicherheit von Menschenleben in der Seefahrt gebaut, die eine drei mal stärkere Verankerung der Riegel vorsahen. Auch die mechanische Verbindung vom Visier und Rampe entsprach nicht diesen Richtlinien. In Folge des Unglücks wurden diese Bestimmungen 1995 geändert und sehen nun eine sieben mal bessere Absicherung vor.

Die Kommission entschuldigte die Besatzung jedoch teilweise mit der bemängelten schwachen internationale Kommunikation über Unglücke. Erst ein Vorfall 1993 auf der Diana II, einem Schwesterschiff der Unglücksfähre im Finnland-Schweden Verkehr, hätte auf vergleichbare Probleme mit zu schwachen Konstruktionen des Visiers aufmerksam machen müssen. Damals waren verschiedene Schiffe inspiziert und mancherorts die Visierverschlüsse verstärkt worden. Doch auch dies geschah der Kommission zur Folge nur unsystematisch. Die Besatzung der Unglücksfähre, so sei zu vermuten, hatte aber davon keine Ahnung.

Abschließend verschweigt der Abschlußbericht auch nicht, daß die Hilfe für die Estonia spät kam. Zwar sei die Warnung an die Passagiere gegen 1.20 Uhr auch reichlich spät und nur in estnischer Sprache erfolgt, doch die Stationen, die den „Mayday"-Funkspruch hörten oder hätten hören mußten, hätten schneller reagieren können. Angesichts der kühlen Wassertemperaturen und der damit verbundenen kurzen Überlebensmöglichkeit für Menschen war aber jede Sekunde wichtig.

Der Hilferuf der Estonia an andere Fähren in der Ostsee begann gegen 1.23 Uhr und dauerte nur wenige Minuten. Die Technik der Estonia war ausgefallen, eine Übermittlung der eigenen Koordinaten unmöglich. Um 1.27 Uhr heißt es, „es sieht wirklich jetzt schlecht hier aus". Sekunden später bricht der Funkverkehr ab. Um zehn vor zwei ist die Fähre vom Wasser verschluckt.

An Bord waren 803 Passagiere und 186 Besatzungsmitglieder von denen 300 es auf das Außendeck schafften, doch nur 137 wurden schließlich gerettet. 95 geborgene Leichen wurden identifiziert, aber 757 Menschen vermißt.

Obwohl sich die Kommission viel Zeit gelassen hat, das Unglück intensiv zu untersuchen. Kritik wird schon jetzt laut. In Schweden ist man nicht zufrieden damit, daß die Mannschaft keines Fehlverhaltens beschuldigt wird. In Estland selbst weist die Presse darauf hin, daß die Estonia von einer deutschen Firma mit den von der Kommission bemängelten technischen Eigenheiten gebaut worden sei.

Gesellschaft

Leben und soziale Situation im Baltikum

Dieser Beitrag bezieht sich in vielen Punkten auch auf das benachbarte Lettland und Litauen. Aber in vielen Punkten sind die Situationen vergleichbar. Hinzugefügt werden muß auch, daß dieser Text in den Jahren des Aufschwungs nach dem EU-Beitritt entstand, also lange vor der Finanz- und Wirtschaftskrise.

Zwei Wechsel, drei Jobs, vier Räder und sechs Zylinder

Lebensstandard und allgemeine Lebensumstände sind für die meisten ausländischen Gäste viel wichtiger als Geschichte und Kultur. Wie hoch ist denn hier das Durchschnittseinkommen? Das ist die am häufigsten gestellte Fragen der Touristen. Darauf kann man nur erwidern, daß dies in zwei Sätzen gar nicht zu beantworten ist und eigentlich auch kaum zu ermitteln – getreu nach dem bekannten Motto: ich traue nur der Statistik, die ich selber gefälscht habe. Aber ganz so schlimm ist es freilich nicht. In den baltischen Ländern besteht das Problem vorwiegend darin, daß zu viel im realen Leben passiert, was statistisch nicht erfaßt wird und nicht erfaßt werden kann. Darum ist es erforderlich, um den Lebensstandard der Menschen im Baltikum zu erklären, die Einnahmen- und die Ausgabenseite separat zu betrachten, weil sich beide Aspekte doch sehr deutlich vom westeuropäischen Durchschnitt unterscheidet.

Das offizielle Durchschnittseinkommen in Lettland liegt bei etwa 250 bis 300 Lat, und das ist deutlich weniger als 500 Euro. Damit sind die Letten statistisch noch hinter Portugal das Armenhaus Europas. Aber stimmt das?

Im Jahre 2002, also ungefähr ein Jahr vor dem Referendum, hat der lettische Journalist Juris Paiders ein Buch unter dem Titel „Nē Eiropas Savienībai" also „Nein der Europäischen Union" herausgegeben. Das Buch ist aber weniger ein Pamphlet gegen den Beitritt als eine Analyse der aktuellen wirtschaftlichen Situation in Lettland und der Folgen, die ein EU Beitritt zeitigen wird. Paiders schreibt, daß in einer durchschnittlichen lettischen Wohnung von der Kaffeemaschine über den Kühlschrank, Fernseher und Videorekorder bis hin zum Computer alles vorhanden ist. Und so viel ist klar, mit dem vorher genannten Durchschnittseinkommen ließe sich dies nicht finanzieren.

Einnahmen

Einstweilen ist es in den baltischen Staaten nicht Ungewöhnliches, daß Menschen mehr als eine Arbeitsstelle haben. Insbesondere in Lettland ist es außerdem ein leidliches Thema, daß viele Arbeitgeber ihre Mitarbeiter offiziell zum gesetzlich festgelegten Mindestlohn beschäftigen, zusätzlich aber das sogenannte „Umschlageinkommen" zahlen, in klaren Worten formuliert, diese Menschen arbeiten also halb schwarz - zu ihrem eigenen Nachteil, denn natürlich werden für diese zusätzlichen Zahlungen keine Sozialabgaben abgeführt. Im Handwerk und auf dem Bau ist die Zahl der grundsätzlich schwarz Arbeitenden sowieso hoch.

Und damit läßt sich auch eine zweite beliebte Frage der Touristen beantworten: Wie hoch ist denn hier die Arbeitslosigkeit? Hier ist die Antwort unproblematisch: Es gibt in den baltischen Ländern keine Arbeitslosigkeit. Angesehen davon, daß die Transferzahlungen des Staates gering sind und es sich nur für wenige wirklich Arbeitslose lohnt, sich registrieren zu lassen, gibt es auch genügend Kollegen, die als offizielle Arbeitslose die Unterstützung mitnehmen und nebenbei schwarz weiterarbeiten. Hier müssen viele Arbeitgeber keine große Überredungskünste besitzen. Eine aus der Sowjetzeit geerbte negative Einstellung gegenüber dem Staat und Vorschriften läßt hier wenig Unrechtsbewußtsein entstehen.

Aber daß es eigentlich keine Arbeitslosigkeit gibt, liegt vorwiegend an der Öffnung der Arbeitsmärkte in Irland und Großbritannien mit dem Beitritt zur Europäischen Union 2004. Zwar arbeiten dort viele Menschen in Positionen, die ihrem Bildungsniveau nicht entsprechen, aber der mutmaßlich höhere Lohn hat viele in Unkenntnis der auch höheren Lebenshaltungskosten gereizt. In den baltischen Ländern fehlen de facto Arbeitskräfte, es gibt seit drei Jahren Plakatwerbeaktionen und Diskussionen über die Notwendigkeit, Gastarbeiter aus anderen ehemaligen Sowjetrepubliken ins Land zu holen.

Ausgaben

Die Frage, welche Ausgaben die Menschen im Baltikum haben, unterscheidet sich aber noch deutlicher von Westeuropa. Was kostet hier eine Miete? Auch diese Frage ist unter Touristen beliebt. Und hier muß daran erinnert werden, daß der Löwenanteil der Wohnbausubstanz in den baltischen Staaten zu sowjetischer Zeit errichtet wurde, und das heißt, es gab nie einen Eigentümer, die Wohnung wurden von der Stadtverwaltung oder den Werken verwaltet. Dank der Voucherprivatisierung konnten so die Menschen fast überall Eigentümer der Wohnungen werden, die seit bereits lange bewohnten. Die Verwaltungen wurden in Kooperativen umgewandelt, die mit Wohnungsbaugesellschaften in Deutschland vergleichbar sind. Die Bewohner zahlen nur die sogenannten Kommunalgebühren, also die Betriebskosten. In einer ungefähr 47km2 großen, typischen Zwei-Zimmer-Chruschtschowka (benannt nach dem Parteichef in der Zeit, in welcher sie errichtet wurden), betrug diese Summe 2004 nur etwa 25 Euro im Monat. Während der Heizperiode steigt dieser Betrag jedoch deutlich an, denn die sozialistischen Wohnhäuser sind ausnahmslos fernbeheizt. Da die Energiekosten auch in den baltischen Staaten in den letzten Jahren gestiegen sind, gibt es natürlich Parteien, die sich mit Lösungen nur für ihre Wohnung von diesem Netz abkoppeln.

Aber darüber hinaus pflege ich zu sagen, daß Kartoffeln nicht wie in Deutschland im Supermarkt wachsen. Die meisten Familien haben Kleingärten in einem Radius von bis zu 100km von ihrem Wohnort, wo Gemüse und Obst angebaut werden, in Gewächshäusern „Marke Eigenbau“ werden meist auch Tomaten gezüchtet.

Diese Struktur kann nur existieren dank einer innerfamiliären Zusammenarbeit über drei Generationen. Selbstverständlich helfen die Kinder mit, aber auch die Großeltern werden eingebunden. Die Rentner sind so gering, daß die Alten gezwungen sind, beispielsweise in im Baltikum noch allgegenwärtigen Pförtnerpositionen zu arbeiten - die gibt es sogar in Studentenwohnheimen, denn die Studenten leben fast nirgends allein auf einem Zimmer, und am Eingang wird der Besuch kontrolliert - oder aber von ihren Kindern finanziell unterstützt werden, wofür eine Gegenleistung erbracht wird, indem die Rentner im Garten arbeiten und auch auf die Kinder aufpassen, denn die Eltern arbeiten wie erwähnt sehr viel.

Darüber hinaus gibt es in den baltischen Ländern neben anderen einen besonderen Volkssport: das sammeln von Beeren und Pilzen. Wegen der dünnen Besiedlung und eines feuchten Klimas gibt es beides in Hülle und Fülle. Hier gedeihen auch die in Deutschland weitgehend unbekannten Moosbeeren, auf Estnisch „jõhvika" und auf Lettisch „dzērvene". Die Popularität dieser Tätigkeit ist so groß, daß die lettische Sprache dafür sogar eigene Verben kennt: „oga" ist die Beere und „ogot" bedeutet, sie zu sammeln. „Sēne" bedeutet Pilz und „sēņot" kann man nur mit „in die Pilze gehen" übersetzen.

Kredite

Dies sind natürlich die Aspekte, die eine Touristengruppe bei einer nur wenige Tage dauernden Reise mit Ausnahme der am Straßenrand feilgebotenen Pilze und Beeren nicht zu Gesicht bekommt. Dafür springt ihnen beim Altstadtrundgang insbesondere in Riga etwas anderes ins Auge: die Vielzahl der großen und teuren Autos.

Zunächst muß einschränkend hinzugefügt werden, daß sich diese Beobachtung vor allem auf das Zentrum konzentriert. Da es nämlich keine große Mittelschicht gibt, die wie etwa in Deutschland einen Neuwagen der Mittelklasse erwirbt und diesen über zehn und mehr Jahre fährt, fehlt im Straßenbild dieses Segment von PKW. Es gibt fast ausschließlich die teuren Wagen und eben viele weit mehr als zehn Jahre alten, aus dem Ausland gebraucht eingeführten Autos.

Die meisten Fahrzeuge sind aber kein Privateigentum. Für die Buchhaltungen der ausländischen Firmenvertretungen ist es sinnvoller, einen Qualitätswagen über einen Leasingvertrag zu beschaffen, als die örtlichen Mitarbeiter mit Gebrauchtwagen auszustatten. Und diese, meist sehr jungen Personen, dürfen das Auto auch in ihrer Freizeit benutzen. Und geleast oder auf Ratenzahlung erworben sind zweifelsohne auch mehrheitlich die Fahrzeuge im Privatbesitz. Aber selbstverständlich gibt es in den baltischen Staaten auch Menschen, die in den letzten Jahren reich geworden sind, und sich die großen Wagen tatsächlich leisten können.

Dies muß man vor dem Hintergrund einer Lebenserfahrung verstehen, die in den vergangenen Jahren gezeigt hat, daß sich die Umstände schnell ändern können. Darüber hinaus sind die Gesellschaften der postsozialistischen Staaten noch erheblich mehr in der Moderne als der Westen, wo postmaterialistische Werte einen großen Teil der Gesellschaft erfas-

sen. Im Baltikum wird eben gerne konsumiert, wenn es irgend möglich ist und dies auch gern gezeigt. Alleine die Einfahrt in die Altstadt kostet 5 Lat in der Stunde. Die Auswirkung dieses Snobismus zeigen sich außerdem in einer Vielzahl sogenannter Wunschkennzeichen, die in Lettland völlig frei wählbar sind. Und so kann es passieren, daß man einen Hummer mit dem Kennzeichen „ROLEXXX“ sieht.
Und selbst vor einem Studentenwohnheim, wo der Einzelne nicht einmal über ein eigenes Zimmer verfügt, sind oftmals mehrere Autos geparkt, deren Besitz man keinem Studenten zutrauen würde. Jedoch arbeiten die jungen Leute in der Regel spätestens ab dem zweiten Studienjahr und machen ob ihrer „zeitgemäßeren“ Kenntnisse nach Auslandsaufenthalt und Dank umfangreicher Sprachkenntnisse Karriere. Mit 300 Lat Monatseinkommen ist man dann kreditwürdig genug, und selbstredend kommen ein BMW und ein modernes Handy bei den Mädels in einer doch ziemlich materialistisch orientierten Gesellschaft besser an ...

Ethnische Minderheiten in den baltischen Staaten

In Deutschland reagieren die Medien besonders sensibel auf das Thema ethnische Minderheiten, insbesondere seit den Bürgerkriegen im ehemaligen Jugoslawien. Die Wissenschaft reagiert meist nicht anders. So sind in den vergangenen anderthalb Jahrzehnten besonders Estland und Lettland in der Presse zum Thema geworden, weil in diesen beiden Ländern viele Russen leben.
Dabei gelten die Russen oft als Synonym für die Minderheiten schlechthin, obwohl es gerade in Lettland auch Ukrainer und Weißrussen gibt sowie selbstverständlich Menschen aus anderen ehemaligen Republiken der Sowjetunion - die Russen stellen jedoch mit Abstand den größten Anteil.
Aus Beobachtungen werden viele Geschichten über das Zusammenleben der verschiedenen Volksgruppen in den baltischen Staaten berichtet, die sich mitunter diametral entsprechen. Richtig ist sicher, daß es in Lettland und Estland zwei parallele Gesellschaften gibt. Diskotheken und Kneipen, die von jungen Leuten besucht werden, haben entweder ein vorwiegend russisches Publikum oder eben ein estnisches respektive lettisches.

Gerade in Estland wird diese Tendenz durch eine räumliche Segregation verstärkt, die Russen leben außer in der Hauptstadt vorwiegend im Nordosten des Landes, im Landkreis Ida-Virumaa (in den Städten Narva, Sillamäe, Kohtla-Järve und Jõhvi) während im Süden, Zentralestland und auf den Inseln die Esten unter sich sind. Ein zweiter Grund ist der große Unterschied zwischen den beiden Sprachen. Beide Völker tun sich schwer mit der jeweils anderen Sprache. Das ist beides in Lettland ganz anders, wo die Russen in allen Städten etwa die Hälfte der Bevölkerung stellen. In Lettland gab es auch während der Sowjetzeit die höchste Zahl an Mischehen.

In der Wissenschaft äußerte sich beispielsweise der heutige Direktor des Berliner Wissenschaftszentrum, Wolfgang Merkel, in vielen Publikationen kritisch: Lettland sei ein guten Beispiel für demokratieabträgliche Diskriminierung und den Ausschluß der Russen von sozialen, wirtschaftlichen und politischen Rechten.

Dieser Vorwurf ist teilweise einfach unzutreffend. Jeder russische Rentner, auch wenn er kein Wort in der Landessprache spricht, erhält natürlich seine Rentner. Auch die wirtschaftliche Aktivität, etwa eine Unternehmensgründung, ist nicht an die Staatsbürgerschaft gebunden. Und besonders in Lettland pfeifen es die Spatzen von den Dächern, daß die Erwartungen an Hilfe vom Staat besonders unter Letten groß ist, die auch Beamte sein können. Die Vertreter der Minderheiten hingegen sind der wirtschaftlich aktivere Teil der Bevölkerung.

Einzig sind tatsächlich die Russen von der politischen Partizipation ausgeschlossen, was angesichts allgemeiner Politikverdrossenheit für viele Einwohner ein vernachlässigbares Problem ist. Genügend Staatsbürger gehen sowieso nicht zur Wahl. Da die Russen in Estland an einigen Orten sehr konzentriert leben, genießen die Nichtbürger dort das kommunale Wahlrecht, was sich bis zu einigen Brüsseler Offiziellen bis heute nicht herumgesprochen hatte. 2007 hatte der Präsident der Parlamentarischen Versammlung des Europarates, René van der Linden, anläßlich eines Besuches Estland in diesem Punkt kritisiert, woraufhin die estnische Parlamentspräsidentin, Ene Ergmaa, offiziell und schriftlich protestierte.

Trotz dieser Umstände und auch trotz des Umstandes, daß unmittelbar nach der Unabhängigkeit das Russische für eine Weile bei den Titularnationen der Baltischen Staaten unbeliebt war, kann nicht behauptet werden, daß die Durchschnittbevölkerung gegenüber einem einzelnen Russen die Rechnung der historischen Verbrechen der Sowjetunion auf-

mache. Nichts wird so heiß gegessen wie es gekocht wird. Und so gab im Baltikum es im Gegenteil zu Deutschland kein Hoyerswerda, Mölln oder Solingen.
2004 befürchteten viele Ausschreitungen am 1. September, der traditionell der erste Schultag ist. Damals trat ein neues Bildungsgesetz in Lettland in Kraft, nach dem die russischen Schüler einen Teil der Fächer auf Lettisch unterrichtet bekommen. Eine diffizile Frage, geht es doch sowohl darum, daß Schüler den Stoff benötigen, aber die Sprache sollten sie auch gut erlernen.
Die meisten Vertreter der Russen sind zwar während der Sowjetzeit zugewandert, ein großer Teil der ethnischen Minderheiten lebt in Lettland aber schon viel länger. Lettland hat von 1629 bis 1918 eine territoriale Trennung mit wechselnden Herrschaften erfahren, was vorwiegend auf den Livländischen Krieg im 16. Jahrhundert und den großen Nordischen Krieg im 18. Jahrhundert zurückgeht, in denen Schweden, Rußland und Polen-Litauen um die Vorherrschaft im Baltikum rangen.
So geriet Lettland nach dem Zerfall des Livländischen Ordens unter schwedische und polnisch-litauische Herrschaft und selbst nach der dritten polnischen Teilung 1795, als das gesamte Baltikum an das Zarenreich fiel, blieb der Osten des Landes, Lettgallen, Teil des Gouvernements Vitebsk. Dies ist ein wesentlicher Grund dafür, warum gerade im an Weißrußland grenzenden Osten des Landes heute viele Weißrussen und Polen leben. Allerdings war auch Riga im ausgehenden 19. Jahrhundert ein Magnet, die viertgrößte Metropole des Zarenreiches war damals de facto wenigstens dreisprachig, Lettisch, Russisch und Deutsch.
Estland war durch den Zerfall des Livländischen Ordens ebenfalls zunächst an Schweden gefallen, welches es dann im Nordischen Krieg zu Beginn des 18. Jahrhunderts an Rußland verlor - Peter der Große stieß das Tor nach Westen auf. Estland wurde damit sogar früher russisch als das benachabarte Lettland.
Ein Teil dieser historisch im Baltikum siedelnden Minderheiten ist durch die tragischen Ereignisse vor und während des Zweiten Weltkrieges verschwunden. Die - nur in Estland und Lettland lebenden - Deutschbalten, die Nachfahren der im Mittelalter eingewanderten Ordensritter und Händler, die in den Städten wie auch durch Großgrundbesitz auf dem Lande über Jahrhunderte die Oberschicht bildeten, übersiedelten zum größten Teil 1939 „heim ins Reich“. Nur wenige Menschen blieben freiwillig im Baltikum. Die ehemals be-

sonders in Lettgallen - durch die polnisch-litauische Herrschaft, die ein Zentrum der jiddischen Kultur war - stark vertretene jüdische Bevölkerung wurde während des Zweiten Weltkrieges von den Nationalsozialisten ermordet.
Nichtsdestotrotz war die ethnische Zusammensetzung bis zum Zweiten Weltkrieg, also bis zur Okkupation der baltischen Staaten durch die Sowjetunion eine andere als gegenwärtig. In Estland waren annähernd 90% der Bevölkerung estnisch, in Lettland etwa 80%. Die Deutschbalten haben immer nur eine sehr kleine Oberschicht gestellt. Inklusive der zum Zeitpunkt des Zusammenbruchs der Sowjetunion noch stationierten Militärs war bis zu diesem Zeitpunkt in Lettland fast die Hälfte der Einwohner keine Letten. Dies ist zurückzuführen auf eine starke Migration in Richtung der baltischen Republiken. Nach dem Abzug 1994 ist der Anteil der lettischen Bevölkerung bei etwa 60%, dabei darf nicht vergessen werden, daß solche Zahlen auch immer davon abhängig sind, als was sich die Menschen, unabhängig von ihren Vorfahren selbst fühlen.
Nun ist es umstritten, inwiefern von einer bewußten Russifizierungspolitik der sowjetischen Behörden gesprochen werden darf. Sicher ist, daß während der Sowjetzeit Esten und Letten sich politisch so weit zurückhielten, daß die Parteichefs ihrer Republiken im Gegenteil zu Litauen keine Einheimischen waren - respektive der Landessprache nicht mächtige, aus Rußland reimportierte Funktionäre. Während die Litauer den Bau neuer Fabriken immer wieder abwehrten, wurden in Estland und Lettland Werke dort errichtet, wo entsprechende Arbeitskräfte nicht ansässig waren und die dann einfach aus anderen Republiken angesiedelt wurden.
Darüber hinaus ist es zwar richtig, daß noch unter Stalin viele Kriegsrückkehrer, und darunter nicht nur die Soldaten, sich nicht mehr aussuchen durften, wo sie sich niederlassen, manchen war die Rückkehr in ihre Heimat verwehrt. Später jedoch gingen viele Russen gerne ins Baltikum, da dies in der Sowjetunion mit einer besseren Versorgungslage als der „Westen" galt. Hinzu kam der Freizeitwert an der Ostseeküste.
Als die baltischen Staaten 1991 ihre Unabhängigkeit erlangten, hatte Litauen im Unterschied zu Estland und Lettland einen etwa der polnischen Minderheit entsprechenden russischen Bevölkerungsanteil von unter 10%. Betrachtet man die Zustimmungsrate bei den vorangegangenen Unabhängigkeitsreferenden, an denen noch alle Einwohner hatten teilnehmen dürfen, also auch die Russen, so kann konstatiert werden, daß dieser Bevölke-

rungsanteil sich ebenso von der Abkehr von Rußland ein besseres Leben versprach. Während sich Litauen in der Frage der Staatsbürgerschaft für eine Null-Lösung entscheiden konnte, das heißt jeder Einwohner konnte sie beantragen, erhielten in Lettland und Estland nicht alle Menschen automatisch einen Paß der nunmehr unabhängigen Republiken. Und dies stieß international auf harsche Kritik.

Hintergrund dieser Politik ist, daß sich Estland, Lettland und Litauen als die Fortsetzung der 1918 gegründeten Staaten verstehen, die nur ein halbes Jahrhundert nicht handlungsfähig waren. Somit erhielten zunächst einmal nur jene Personen, die vor 1940 Staatsbürger waren inklusive deren Nachfahren automatisch einen estnischen respektive lettischen Paß. Das junge Sowjetrußland hatte in den Friedensverträgen von 1920 für alle Ewigkeit auf das Baltikum verzichtet, und die Aufnahme in die Sowjetunion 1940 wurde von kurz zuvor aus unfreien Wahlen hervorgegangene Parlamente beantragt. Diese Inkorporation in die Sowjetunion war international nie anerkannt worden.

Somit fanden sich die zur Unabhängigkeit positiv eingestellten Russen in einem fremden Nationalstaat wieder, was viele nicht erwartet hatten und dann eben auch ablehnten. Diese Menschen als Staatsbürger das Schicksal des neuen Staates mitgestalten zu lassen, hätte Instabilität nach sich ziehen können, denn Themen wie offizielle Staatssprache als Status für das Russische kämen einer Zementierung der Folgen von 50 Jahren Okkupation gleich. Immerhin machten Estland und Lettland das Schicksal der Staatenlosigkeit nicht unausweichlich. Die ethnischen Russen konnten selbstverständlich die russische Staatsbürgerschaft erhalten. In beiden Fällen erhielten alle Menschen, die in den Jahren zuvor dauerhaft in Estland oder Lettland gelebt hatten eine Daueraufenthaltsgenehmigung. Niemand wurde also aus dem Land gedrängt und mit den Staatenlosen-Dokumenten war einzig je nach Staat die Reise ins Ausland mit einem häufigeren Erfordernis eines Visums verbunden.

In Estland gab es noch die Besonderheit der erleichterten Einbürgerung. 1990 hatten Nationalisten die Wahl eines Gegenparlaments zum Obersten Sowjet - dem Estnischen Kongreß - organisiert, der eigentlich nur von Esten gewählt werden durfte, die bis zum Einmarsch der Roten Armee 1940 Staatsbürger Estlands gewesen waren und deren Nachfahren. Ortsansässige Russen, die sich einem unabhängigen Estland gegenüber loyal verhalten wollten, durften teilnehmen und wurden dafür mit einer Art Greencard belohnt.

Darüber hinaus gibt es die Möglichkeit, sich in Estland und Lettland einbürgern zu lassen, was mit Prüfungen der Sprach- und Geschichtskenntnisse verbunden ist, der nächste Punkt heftiger Kritik insbesondere aus dem westlichen Ausland. In der Tat sind beide Prüfungen insofern ein Problem, als der Geschichtsunterricht in der Sowjetzeit nicht ideologisch unbelastet war. Schlimmer noch aber wurden Fremdsprachen so gut wie nicht unterrichtet und eine Notwendigkeit oder auch nur Wünschbarkeit, die Sprachen der baltischen Republiken zu erlernen, wurde den dort angesiedelten Russen ausgeredet.

Auf der anderen Seite sind regelmäßig auftauchende Behauptungen, diese Prüfungen seien furchtbar schwierig, unzutreffend. In beiden Ländern müssen die Prüflinge vor einer Kommission von etwa fünf Damen in der Lage sein zu erklären, wie sie heißen, woher sie kommen, was sie beruflich machen etc. Dies muß nicht fehlerfrei sein, sondern halbwegs fließend und verständlich. Danach folgte in Estland ein Diktat von 100 Wörtern, in Lettland ein kleiner Aufsatz. Das entspricht einer halben DIN A4 Seite. Der Text lautete wie folgt: „Nach Tallinn kommen viele Touristen, viele Touristen wohnen in Hotel Viru, von Hotel Viru hat man einen schönen Blick auf die Altstadt" und in diesem Stil weiter.

Wenn heute in der Presse von Diskriminierung der Russen in den baltischen Staaten die Rede ist, muß darauf hingewiesen werden, daß die wenigsten vor Ort lebenden Russen dies selbst so sehen - von einigen Verbandsfunktionären einmal abgesehen, die z.B. MdB Ulla Jelpke im Oktober 2007 gesprochen hat. Darüber gab es zwischen dem Autor und der Politikerin einen Briefwechsel, der im Blog selbst nachzulesen ist. Die meisten Russen wissen sehr genau, daß es ihnen im Baltikum besser geht als im Heimatland. Von Diskriminierung spricht vorwiegend Rußland selbst, diskriminiert aber die eigenen Leute bei der Visavergabe, wenn diese eine Staatsbürgerschaft des Baltikums haben.

Sillamäe - Synonym für sowjetischen Nachlaß

Die Stadt im Nordosten Estlands steht für radioaktiven Müll und russische Migranten

Sillamäe. - Die 20.000 Einwohner zählende Stadt im Nordosten Estlands ist selbst für Esten „terra incognita". Der von den Sowjets aus dem Boden gestampfte Ort gilt dem Baltenvolk als Inbegriff für Unwirtlichkeit. Ein Besuch zeigt, daß sich daran auch vermutlich so schnell nichts ändern wird.

„Was, nach Sillamäe wollen sie?!" Das ist die meistgehörte Reaktion, weiht man Esten in solche Reisepläne ein. Oft fügen sie noch hinzu: „Da war ich noch nie, und da möchte ich auch gar nicht hin." Mit solch negativen Assoziationen kann sonst nur der ehemalige sowjetische Marinestützpunkt Paldiski konkurrieren. Was ist an Sillamäe so ungewöhnlich, daß selbst Einheimische auf die bloße Erwähnung reagieren, als läge diese Stadt noch hinter dem Ende der Welt?

Privilegierte Sowjetsiedlung

Auf den ersten Blick ist kaum ein optischer Unterschied zu anderen Orten fernab des politischen und wirtschaftlichen Zentrums Tallinn auszumachen. In Sillamäe leben die meisten Menschen in den gleichen nackt anmutenden Wohnblöcken wie in den zu Sowjetzeiten errichteten Schlafstädten, welche auch die Hauptstadt Estlands umgeben. Die Häuser wurden nie verputzt, man kann sogar die Fensterstürze sehen. Doch auch der ältere Teil der Stadt ist unestnisch, so weit das Auge reicht gibt es keines der charakteristischen Holzhäuser.

Die Sowjets haben hier nach dem Krieg an Stelle des kleinen Kurortes, den auch Tschaikowsky gerne besuchte, eine Industriestadt ganz im stalinistischen Zuckerbäckerstil errichtet, die im Unterschied zu den großen Protzbauten anderswo großenteils lauter schnuckelige zweistöckige Wohnhäuser sind. Die Einwohner aus der ganzen Sowjetunion zuzogen. Ebenso wie in den benachbarten Städten Narva, Jõhvi und Kohtla-Järve leben in Sillamäe auch heute noch vorwiegend Russen.

Zu Sowjetzeiten war die Stadt geschlossen. Fremde hatten keinen Zutritt und nicht etwa nur Ausländer. Sogar die Landstraße von Tallinn nach St. Petersburg machte an dieser Stelle einen mehrere Kilometer betragenden Umweg. Grund dafür war das große Werk am Rande der Stadt, in dem unter höchster Geheimhaltung radioaktives Material für die Militärs produziert wurde. Was hier geschah, wurde nicht einmal in den offiziellen Statistiken der estnischen Teilrepublik geführt. Man erzählt sich noch heute, damals sei die Versorgungslage hier besser gewesen als in Moskau. „Sillamäe war ein Staat im Staate mit herausragenden Privilegien", erklärt der stellvertretende Bürgermeister Valdek Murd.

Das ist aber nur die praktische Ursache, warum die meisten Esten noch nie in dieser Stadt gewesen sind. Heute ist der Zutritt schließlich nicht mehr verboten.

Hypothek für die Umwelt

Unweit der Ostseeküste, an der sich Sillamäe über rund vier Kilometer erstreckt, befindet sich unter freiem Himmel eine Deponie. Das dort gelagerte radioaktive Material droht aufgrund der geringen Entfernung von nur rund zehn Metern die Finnische Bucht zu verseuchen. Als „hinreichend gefährlich" bezeichnet auch Neeme Jõgi aus der Chefetage das Problem. Die Deponie muß ständig feucht gehalten werden, damit der Wind den Staub nicht ins Meer weht. Aus diesen Gründen wird seit Jahren über Möglichkeiten der Entsorgung und Sanierung diskutiert. Auch deutsche Firmen haben Sillamäe oft besucht.

Silmet heißt das seit etwa einem Jahr privatisierte Sorgenkind heute, welches die Sillamäer nach wie vor nur liebevoll „das Werk" nennen. Der einzige Stadtbus fährt jeweils zu den Schichtwechseln einmal durch die gesamte Stadt - bis zum Werk.

Der Betrieb verarbeitet heute Buntmetalle. Er ist zwar aus dem Gröbsten noch nicht raus, Entlassungen wurden gerade jüngst wieder angekündigt. Aber das, was da aus alten Zeiten da noch lagert, ist nach Berichten estnischer Zeitungen etwas wert, könnte man es nur ins Ausland verkaufen. So sorgt Silmet nach wie vor regelmäßig für Schlagzeilen in der Presse und wird den Schatten der Geheimniskrämerei nicht recht los, obwohl die neue Führung offenherzig Auskunft gibt.

Wirtschaftlicher Niedergang

Die Aktiengesellschaft muß gleichzeitig natürlich auch die Rolle des größten Hoffnungsträgers übernehmen, mangelt es doch sonst in Sillamäe an Arbeitgebern. Silmet ist dabei in Estland ein Unikum, wie Neeme Jõgi meint, weil die gesamte Produktion in den Export geht. Buntmetall wird nach Rußland, Japan, in die USA und in geringeren Mengen nach Europa geliefert. Österreich ist ein Kunde. Verwendung findet das Silmet-Angebot in der Automobilindustrie, der Medizin und bei der Herstellung von Golfschlägern.

Aber das ist noch nicht alles. Typisch für die Sowjetwirtschaft war die fehlende Arbeitsteilung. Große Betriebe haben schließlich auch ihre eigenen Dienstleister unterhalten. Die neuen Eigentümer vom Silmet haben die Firma jetzt in fünf Einzelteile aufgespalten. Die Metallproduktion als eigentlicher Zweig steht so neben dem Betrieb des Heizwerk und

einer extra Verwaltung für die Liegenschaften. Die Fernheizung ist einstweilen die einzige in der Stadt. Hauseigene Gas- oder Ölbrenner waren in der Sowjetunion bei Mehrfamilienhäusern unüblich.
Sillamäe ist faktisch stark vom Schicksal des Werkes abhängig. „Wenn Silmet pleite geht, ist das für die Stadt eine Katastrophe", sagt Murd und spielt auf das Schicksal der benachbarten Ortschaft Oru an, wo unlängst ein Torfwerk geschlossen wurde und seither buchstäblich nichts mehr läuft. Er könne die Sorgen der Bevölkerung verstehen, die während der letzten Jahre einen extremen Fall erleben mußte. Silmet hofft nach Jõgis Worten auf die Einrichtungen eines Freihafens für die Verladung von Öl, der nahe genug an Rußland ist und bessere Navigationsmöglichkeiten bietet als russische Häfen. (Anmerkung: Dieser existiert inzwischen).
Als Unterstützung für die Entwicklung in Sillamäe gründete der russische Jude Hanon Barabaner 1993 das College für Ökologie und Technologie. Er selbst weilt jedoch meist in Tallinn, wo bald darauf eine zweite Filiale dieser privaten Bildungseinrichtung etabliert wurde. Die ständige Fluktuation der Lehrkräfte und eine technische Ausrüstung, die sich weitgehend auf die elektrische Beleuchtung beschränkt, sorgten für einen negativen Ruf. Barabaner habe das College nur zum Geld verdienen eingerichtet, heißt es. Daß ohne Veränderungen des Lehrplans, wie versichert wird, der Name kürzlich in Sillamäer Institut für Wirtschaft und Führung geändert wurde, wird das Vertrauen nicht erhöhen. Dennoch, die Zahl der Anmeldungen steigt jährlich. Es gibt eben in Sillamäe nichts anderes.

Streitbare Staatsbürgerschaft

„Ich bin nur ein einfacher Mann", pflegte Aleksander Kuklow, ein vor mehr als zehn Jahren aus dem damaligen Sverdlowsk, heute Jekaterinburg, zugewanderter Trainer und Deutschlehrer zu sagen, wenn es um seinen Status in Estland geht. „Ich habe überhaupt keine Papiere", beschwerte er sich unisono mit vielen seiner Landsleute. Daraus sprach die Erfahrung des russischen Volkes, daß die Regierung sowieso über ihre Köpfe hinweg entscheidet. Kuklow glaubte nicht, daß sich seine Lage eines Tages bessern würde und spekulierte sogar mit der Auswanderung nach Polen.
In der Tat mußten die Einwohner Estlands ohne Anspruch auf einen estnischen Paß nach der Unabhängigkeit 1991 lange Zeit für jede Auslandsreise immer wieder ein neues Do-

kument beantragen, daß für die Rückreise beinahe wichtiger war als beim Verlassen des Landes. „Das ist unsere neue Demokratie", war ein beliebter Kommentar.
Kuklow hat Erfahrung. Über Jahre war er in Sillamäe die anerkannte Kapazität für das Deutsche, führt die zahlreicher werdenden Ausländer in der Stadt herum, hilft den zur Emigration bereiten Rußlanddeutschen bei Übersetzungen und macht sich als Übersetzer bei Reisen ins deutschsprachige Ausland nützlich. Seit die estnischen Behörden es aber nun geschafft haben, die lange angekündigten Ausländerpässe auszustellen, macht auch Kuklow ein zufriedenes Gesicht.
Auch wenn diese Probleme nur selten für Schlagzeilen sorgen, überraschten jüngst Untersuchungen der Universität Tartu mit einer mehrheitliche Zustimmung zur Unabhängigkeit Estlands ebenso wie zum Übergang zur Marktwirtschaft unter den Russen in Sillamäe und Umgebung. Gegenwärtig sind rund 3.500 Sillamäer estnische Staatsbürger. Das sind 20 Prozent der Bevölkerung, keine geringe Zahl bei Berücksichtigung eines Anteils von rund vier Prozent ethnischen Esten. Andererseits haben sich immerhin 31 Prozent für einen russischen Paß entschieden. Rund die Hälfte der Einwohner sind weiterhin staatenlos.
Für den Erwerb eines estnischen Passes muß unter anderem eine Prüfung in der estnischen Sprache abgelegt werden. Diese beherrschen nach eigenen Angaben in Sillamäe fließend gerade einmal drei Prozent, 60 dagegen sprechen kein Wort. In diesem faktischen Ghetto russischer Migranten bleibt ein Fortschritt natürlich schwierig. Zufrieden berichtet der stellvertretende Bürgermeister Murd trotzdem, daß jetzt viele junge Leute fleißig Estnisch lernen, weil sie an estnischen Hochschulen studieren wollen. Im vergangenen Sommer gab es sogar mehrere Sprach-Lager für Kinder.

Politischer Poker

Die Probleme mit der Wirtschaft und der Staatsangehörigkeit finden ihre Entsprechung in der Konstellation der örtlichen politischen Kräfte. Im Stadtrat gibt es zwei Fraktionen von elf und zehn Abgeordneten - „Es lebe Sillamäe" und „Vereinigung". Letztere steht den Esten nahe. Der frühere Silmet-Chef, Priit Saksing, war ebenfalls Vorsitzender des Stadtparlamentes.
Der 1996 ins Amt gekommene Bürgermeister, Sergej Sobolew sprach zwar fließend estnisch, konnte aber leider inhaltlich nicht mehr anbieten als zu predigen, daß man Estnisch

lernen müsse. So urteilte nach einem Besuch der in Estland bekannte russische Fernsehjournalist Aleksander Zukerman.

Nach den Lokalwahlen Anfang 1997 wurde er zwar zunächst in seinem Amt bestätigt. Doch dann ereilte ihn das Schicksal seines Vorgängers, er wurde im Spätsommer über Nacht einfach abgewählt. Anschließend kam es zu einem monatelangen Interregnum, denn auch Saksing mußte wegen eines Skandals um die Entlassung einer Dezernentin zurücktreten. Die Stadt blieb vollständig führungslos.

Ab dem 24. September vertrat Valdek Murd, eigentlich für Sozialfragen zuständig, das vakante Bürgermeisteramt, in das er jedoch nicht gewählt werden wollte: „Jeder muß wissen, was sein Gebiet ist", sagte der erst neun Monaten zuvor aus dem benachbarten Kohtla-Järve zugezogene Mann, der dort dasselbe Amt schon fünf Jahre inne hatte. Der unter Sobolew als Sekretär tätige Sergej Sonow widerspricht. „Natürlich wollte Murd Bürgermeister werden, doch er hatte nicht einmal die Macht, sich als Kandidat aufstellen zu lassen."

Sonow macht Kräfte in der Hauptstadt für die politischen Spiele in Sillamäe verantwortlich. Er folgt damit einer weit verbreiteten Ansicht, daß es immer irgendwo höhere Mächte gibt. Murd charakterisiert seinerseits die Beziehungen zu Tallinn als schwierig. Mag der Versuch einer Einflußnahme auf die Postenverteilung auch plausibel sein, herrscht in der Hauptstadt sonst wohl eher Desinteresse, was die ganze Region betrifft. Immerhin konnte Ministerpräsident Mart Siimann sich am 9. Juni 1997 zu einem eintägigen Besuch in Sillamäe mit einer hochkarätigen Delegation in seiner Gefolgschaft durchringen, um sich ein Bild von der Situation zu machen. Daß er etwas bewegt hätte, war jedoch nicht zu erfahren.

Da die Sillamäer Abgeordneten offensichtlich zu einer stringenten Politik nicht zu bewegen sind, stellt sich damit natürlich die Frage, wie mächtig diese Kreise in Tallinn wirklich sind. Vor wenigen Tagen wurde nun ein ehemaliger Bürgermeister der estnischen Hauptstadt auf den Sessel des Landrat gehievt. Das politische Spiel dürfte damit noch nicht beendet sein, da stimmt auch Sonow lebhaft zu.

Was ist schon normal?

Ergänzen möchte ich diesen Text mit einigen Absätzen, die verfaßt wurden als Beitrag für die Robert-Bosch-Stiftung, die von ihren Stipendiaten Stimmungsbilder ihrer Einsatzorte abfragte. Hier werden die Erfahrungen eines Westdeutschen in den ersten Wochen des Aufenthalts in Sillamäe wiedergegeben, was damals doch alles eher exotisch als normal wirkte.

Als während der kalten Wintermonate das russischsprachige Wochenblatt День за Днём den in Estland bekannten russischen Journalisten Aleksander Zukerman nach Sillamäe schickte, war dieser am Busbahnhof äußerst verwundert. Er fragte einen von zwei in Sillamäe lebenden Ausländern nach dem Weg und traf also in der vormals gesperrten Stadt als aller erstes jemanden, der kein Russisch versteht. Dies wurde später auch der Aufmacher des Artikels.
Zukerman mußte der sich im einzigen Hotel der Stadt zu dem völlig überhöhten Preis von immerhin 30 Dollar pro Nacht ein Zimmer mietete. Damit aber nicht genug. Der aus dem Kaukasus stammende Eigentümer dieses Etablissements hatte das Café des Hauses zwar bereits adrett herrichten lassen, nicht jedoch die Zimmer – was nicht verwundert, hält sich doch die Zahl der Übernachtungen in Grenzen. Überraschend hingegen war für die Gäste aus Tallinn und Deutschland die anschließende Verweigerung des Personals, den Journalisten in ihrem renovierten Restaurant speisen zu lassen. Ein fein den estnischen Gesetzen entsprechendes Schildchen wies in estnischer Sprache auf den Grund hin: „reserveeritud". Der Hotelgast mußte erst deutliche Worte finden, um sich Einlaß zu verschaffen. Auf die Frage, wo er sonst in Sillamäe essen sollte, wußten die freundlichen Mitarbeiter nämlich auch keine rechte Antwort (es sei erwähnt, daß es damals nur noch zwei weitere Cafés in der Stadt gab). Nach diesem Erlebnis staunten die Besucher auch nicht mehr, als sie die Hälfte der Tische im angeblich voll besetzten Café verwaist vorfanden. Ähnlich reagierte man, als die Kellnerin den „willkommenen" Gästen Pommes Frites servierte, obwohl sie den Hinzugestoßenen erst zwei Minuten vorher erklärt hatte, es gäbe an diesem Abend leider keine Pommes Frites mehr. In Deutschland würde der Gast ein solches Verhalten schlicht als unverschämt einstufen, doch in Sillamäe muß das keineswegs heißen, daß die Kellnerin eine persönliche Rechnung mit dem Gast zu begleichen hat. Sie reagiert deshalb auf bissige Kommentare nicht verärgert, sondern nur mit einem Achselzucken.

Genau die gleiche Reaktion zeigte ein „Handwerker", der bei dem Versuch, ein Antennenkabel zu installieren, feststellte, daß er zwar den Lötkolben dabei hatte, um den Stecker am Kabelende zu befestigen, nicht jedoch einen Schraubendreher, um das Gehäuse zu öffnen. Ähnlich hilflos stand der arme Mann Stunden später vor dem Verteilerkasten im Treppenhaus, welchem man schon von weitem ansah, daß andere vorher ihr Problem mit Gewalt zu lösen versucht hatten. Da es offensichtlich keinen die Schlüssel verwaltenden Hausmeister gab oder der Handwerker lieber eine halbe Stunde geräuschvoll diverse Öffnungsmethoden ausprobierte, hieß es Warten bis die rettende Idee kam: einfach die Scharniere aufzubiegen. Bleibt noch zu erwähnen, daß der hilfsbereite Mann immerhin sofort erschienen war und auch so lange blieb, bis er das Problem gelöst hatte.
Die Einheimischen selbst sind es, die unter diesen Umständen tagtäglich lebend, die nötige Geduld in irrationalem Wechsel einmal aufbringen und dann wieder nicht. Als Aufmerksamkeit des Hauses steht auf der Theke der nicht zur Selbstbedienung konzipierten Mensa des Sillamäe'er Colleges, die übrigens von einem Subunternehmer bewirtschaftet wird, ein Glöckchen, um die freundliche Mitarbeiterin herbeizurufen, wenn sie sich gerade in der Küche aufhält. Man möchte glauben, ein einmaliges deutliches Zeichen dürfte genügen, um sich bemerkbar zu machen. Doch den meisten Gästen reicht das nicht, obwohl oder trotzdem die Dame sich selbst von penetrantem Klingeln zu keinem bösen Wort hinreißen läßt und statt dessen in geübter Ruhe die Wünsche der Kunden erfüllt. Die könnte man freilich böswillig auch als Zeitlupe bezeichnen.
Vielleicht ist diese Ungeduld auch nur ein Resultat des langen Wartens vor der Tür. Denn selbst wenn das gigantisch große Vorhängeschloß außen verschwunden ist, also schon jemand in der Mensa anwesend ist, bedeutet das noch lange nicht, daß die Hungrigen, Öffnungszeiten hin oder her, bereits Zutritt haben. Der Einfachheit halber enthält der Chef des Hauses die sich natürlich ständig ändernden Öffnungszeiten der Öffentlichkeit meist vor. Ist die Tür einmal offen, steht der Ausschank unmittelbar bevor, doch wie sollte es anders sein, auch das ist eine relative Größe, weil die Dame hinter der Theke mit einnehmendem Lächeln um eine Minute bittet, und das wird nun wieder ohne Klingeln und Meckern akzeptiert.

Manche Menschen in dieser Stadt werden übrigens nicht müde zu erwähnen, daß zu Sowjetzeiten alles besser gewesen sei, damals habe noch Ordnung geherrscht. Die anderen sagen einfach: „Das ist normal" (Это нормально). Und das ist es hier in der Tat.

Jugend in Narva

Auch wenn die Zeiten der illegalen Referenden über eine Autonomie von Ida-Virumaa, dem vorwiegend von Russen bewohnten Landkreis im Nordosten Estlands bald 20 Jahre her sind, ist das Thema der Russen immer noch eines, wenn auch nicht im täglichen Bewußtsein. Ida-Virumaa ist von Tallinn und Tartu aus weit weg - aus den Augen aus dem Sinn. Vor Ort ist es mit dem Estnischen nach wie vor schwierig - logisch: Warum sollten plötzlich russische Muttersprachler miteinander Estnisch sprechen. Estnisch ist nun nicht gerade eine einfache Sprache, vor Ort braucht man sie nicht und warum sollte man gerade eine so kleine Fremdsprache wie das Estnische lernen. In einer EU mit Freizügigkeit sind da andere viel interessanter.

Aber das gilt nicht ausschließlich. Die Zeitung Postimees berichtete jüngst, daß sich russische Jugendliche in Narva, dem Zentrum Ida-Virumaas und immerhin drittgrößter Stadt Estlands mehr Möglichkeiten wünschen, das Estnische zu praktizieren. Das wurde auf einem Schülerforum diskutiert, in dem es unter anderem um den Übergang zu Estnisch als Unterrichtssprache im Kreenholm Gymnasium ging.

Die Motivation der Schüler ist einfach, sie wollen in der Europäischen Union studieren und da gibt es eben keine Möglichkeit, die Ausbildung auf Russisch fortzusetzen, meinen die Schüler.

Letzteres stimmt nur bedingt. In Riga gibt es mit der Internationalen Baltischen Akademie eine Hochschule mit russischer Unterrichtssprache, und das in Sillamäe / Ida-Virumaa ansässige College für Ökologie und Technologie hat sich schon vor Jahren in ein Institut für Management verwandelt mit Filialen in anderen estnischen Städten, darunter selbstverständlich auch Narva und sogar Tallinn. Fragwürdig ist an diesen Institutionen natürlich die Qualität der Ausbildung.

Der „Bronzesoldat" wieder auf der Tagesordnung

Nach einem Besuch der Europaabgeordneten der Linken, Sarah Wagenknecht, in Estland wurde das Thema um die Translozierung eines Denkmals in der Hauptstadt Tallinn, die Ende April vergangenen Jahres über mehrere Tage zu Ausschreitungen geführt hatte, erneut aktuell. Frau Wagenknecht beklagt nicht nur neuerlich die Diskriminierung der russischen Bevölkerung in Estland, sondern berichtet von einem angeblich unfairen Prozesses gegen die als Rädelsführer der Krawalle Angeklagten. Sie zweifelt damit außerdem an der Version, die Aktion sei bereits vorher geplant gewesen.

Rückblick: Am 26. April 2007 begannen Ausschreitungen in der Innenstadt von Tallinn. Vorwiegend junge und teilweise angetrunkene russische Jugendliche lösten Steine aus dem Pflaster und attackierten die Baustelle, wo das Denkmal des Bronzesoldaten demontiert und später auf den Soldatenfriedhof umgesetzt werden sollte.

Über die Versetzung des Denkmales ist in den letzten Monaten wiederholt intensiv in der Presse diskutiert wurden, und dies nicht nur in Estland, sondern selbstverständlich vor allem in Rußland, aber auch in Westeuropa. Dabei meinen sich als moderat verstehende Kommentatoren, die estnische Regierung habe einen ungünstigen Zeitpunkt für die Versetzung des Denkmals gewählt. Dies klingt zunächst überzeugend, begannen doch die Arbeiten nur etwa zwei Wochen vor dem 9. Mai, an dem die Russen das Ende des Zweiten Weltkrieges feiern und sich die Veteranen traditionell seit vielen Jahren an dem Denkmal treffen. Ähnliche wird in Lettland im Park rund um das sogenannte Befreiungsdenkmal an diesem Datum der Vergangenheit gedacht.

Dabei muß auf einige grundlegende Unterschiede zwischen den beiden Denkmälern hingewiesen werden. Der bereits 1947 eingeweihte sogenannte Bronzesoldat (*Pronkssõdur*) in Tallinn befindet sich sehr zentral, unweit der Altstadt neben der neoromanischen Karlkirche und direkt vor der erst in den 90er Jahren fertiggestellten Nationalbibliothek. Das lettischen Pendant ist hingegen erst 1985 errichtet worden und befindet sich jenseits der Daugava außerhalb der historischen Stadtzentrums von Riga. Darüber hinaus ist es von einem Park umgeben, wohingegen der Platz, auf dem sich der Bronzesoldat befand entschieden kleiner ist als ein Fußballfeld. Nationalisten hatten das Monument in Lettland, welches bewußt die Größe des Freiheitsdenkmals in Riga in den Schatten stellen sollte, übrigens kurz nach der Unabhängigkeit von der Sowjetunion 1996 zu sprengen versucht – allerdings nicht nur erfolglos, sondern sogar mit Todesfolge für zwei der Täter. Ein weiterer gravierender Unterschied besteht darin, daß die jüngere Gedenkstätte in Riga ausschließlich als Zeichen des Sieges der Sowjetunion über den Faschismus installiert wurde, während der Bronzesoldat tatsächlich zu Ehren von Soldatengräber der Roten Armee errichtet wurde, bei denen es sich im konkreten Fall pikanterweise nicht um Russen, sondern um ethnische Esten handelt.

Aber eine Bewertung der Vorgänge im Frühjahr 2007 kann sich nicht auf diese historischen Kenntnisse beschränken, denn insbesondere Ereignisse im Jahre 2006 erklären den Handlungsbedarf, welche leider in der Presse (soweit der Autor sie vernommen hat) nicht erwähnt wurden.

Am 9. Mai 2006 kam es zu einem Konflikt vor dem Denkmal, als Veteranen versuchten, einem national orientierten Demonstranten die estnische Flagge zu entreißen. Am folgenden Tag demonstrierten erneut Nationalisten, unter ihnen der in Estland aus der Zeit des Nationalen Erwachens bekannte Dissident Tiit Madisson, der wegen des Vorwurf eines Umsturzversuches auch in den 90er Jahren zwei Jahre in Haft war.

Die Polizei forderte daraufhin die Demonstranten auf, keine weiteren Manifestationen auf dem Tõnismägi (so der estnische Name des Ortes) durchzuführen. Der Platz wurde von der Polizei abgeriegelt und über Monate hinweg bewacht.

Exkurs: Die Manifestation hat einen Hintergrund, die vor dem Beginn des Blogs lag, aus dem das vorliegende Manuskript entstanden ist. Tiit Madisson war einer der Aktivisten der Opposition während des Nationalen Erwachens in der Gorbatschowzeit. Nach der Unabhängigkeit war er überzeugt, Estland sei noch immer noch nicht frei und versuchte, seine alten Mitstreiter von einem Umsturz zu überzeugen. Die jedoch sorgten für seine Verhaftung. Aus der Haft wurde Madisson nach wenigen Jahren entlassen und übersiedelte nach Schweden. Aus dem Exil zurückgekehrt wählte ihn die westestnische Kleinstadt Lihula zum Bürgermeister, wo er ein 2005 ein Denkmal für die SS-Veteranen aufstellen ließ, welches die erboste Regierung in Tallinn des nächtens schleifen ließ. Aus Wut darüber kam es zu den erwähnten Ereignissen im Mai 2006 in Tallinn. Madisson verließ wenig später Estland in Richtung Spanien mit dem Kommentar, er habe die Nase voll von seinem Heimatland.

Die SS-Veteranen sind in Estland und Lettland eine historisch sehr umstrittene Frage. Während des zweiten Weltkrieges kämpften die Einheimischen mal mehr mal weniger freiwillig auf beiden

Seiten. Viele erhofften sich nach den Deportationserfahrungen des ersten sowjetischen Besatzungsjahres 1940 bis 1941 von den Deutschen eher den Erhalt der Unabhängigkeit.

Die Ereignesse beweisen, daß dieses Denkmal sowohl für die Russen als auch für die Esten ein Symbol war und ist und nicht erst durch die Vorgänge Ende April 2007 wurde. Somit gab es neben der Versetzung eigentlich realistisch nur eine Alternative, nämlich einen dauerhaften Schutz zu organisieren, der nicht in patrouillierenden Polizisten und einem blauweißen Absperrungsband besteht. Das hätte ggf. nur ein Zaun sein können. Anderenfalls wären weitere Konfrontationen zu jedem 9. Mai zu erwarten gewesen, was einem Ehrenmal für Gefallenen nicht gebührt. Was aber ist ein eingezäuntes Denkmal wert? Das offizielle Estland hatte somit im Grunde nur die Wahl zwischen Teufel und Beelzebub: entweder Krawalle am Denkmal zum 9. Mai verhindern, oder aber anläßlich dessen Translozierung.

Es folgte daher eine politische Diskussion, wie auf die Probleme vor der Nationalbibliothek zu reagieren sei. Im August gab es auf Veranlassung der Stadtverwaltung von Tallinn einen Runden Tisch zum Thema, an dem allerdings nicht alle politischen Kräfte teilnahmen. Einige Teilnehmer votierten für eine Umgestaltung des Tõnismägi und die Belassung des Denkmales an diesem Ort. Dahingehend äußerten sich auch nicht wenige Kenner Estlands aus Westeuropa.

Am 11. Oktober beschlossen aber die den Ministerpräsidenten stellende Reformpartei und die damals oppositionelle Vaterlandsunion, das Denkmal zu translozieren. Ein entsprechender Antrag wurde am 10. Januar 2007 mit 66 Stimmen im Parlament angenommen. Der Präsident setzte den Beschluß in Kraft, da auch das Gesetz über Kriegsgräber deren Verlegung vorsehe, wenn sie sich an nicht angemessenen Orten befinden. Auf dem Tõnismäge befanden sich die Gräber sogar, wie sich anschließend herausstellte, beinahe direkt unter der Trolleybushaltestelle.

Daß die Versetzung schließlich so kurz vor dem fraglichen Datum stattfand, hatte neben der über Monate andauernden politischen Diskussion freilich noch einen weiteren Grund, den die Politik nicht beeinflussen konnte: am 7. April 2007 standen turnusgemäß Parlamentswahlen in Estland an, weshalb die Diskussion auch noch den Wahlkampf anheizt. Den Zeitpunkt betreffend kann abschließend nur angemerkt werden, daß nach den Ereignissen von 2006 weitere Probleme absehbar waren und natürlich nach dem 9. Mai immer

auch vor dem (nächsten) 9. Mai ist. Man darf wohl auch davon ausgehen, daß die estnische Politik außerdem mit diesem Ausmaß an Schwierigkeiten nicht gerechnet hat.
Eine andere Frage ist der Polizeieinsatz. Die Fernsehbilder machen deutlich, daß die estnischen Sicherheitsbehörden an derartige Großeinsätze noch nicht gewohnt sind. Das erinnert ein wenig an die junge Bundesrepublik, die in den 60er Jahren zunächst mit dem Studentenprotest auch wenig sensibel umzugehen verstand. Die estnische Regierung könnte natürlich nun sowohl mit einer lückenlosen Aufklärung von eventuell unverhältnismäßigen Reaktionen der Polizei in der „Bronzenacht" wie auch einem fairen Prozeß ihre Rechtsstaatlichkeit unter Beweis stellen.

Das vermeintliche EU Babel

In den 90er Jahren wollte die Bevölkerung des Baltikums so gut leben wie die Westeuropäer. Trotzdem gab es erhebliche Zweifel in der Gesellschaft, ob nach der endlich errungenen Unabhängigkeit gleich wieder der Weg in eine Union gesucht werden müsse. Einfache Menschen verstanden oft nicht, daß der Begriff Union bei den Sowjets und in Europa nicht identisch zu verstehen ist. Gurkenkrümmung und Schließung der beiden Zuckerfabriken in Lettland schienen dem zu widersprechen. So viel zum Mißtrauen gegenüber Brüssel.
Als jüngst für Estland und Lettland, und eben nur für diese beiden Länder, Brüsseler Informationsmaterial auch auf Russisch erschien, schrillten die Alarmglocken. Nicht alle Sprachen der EU-Länder sind tägliche Verkehrssprachen, aber doch offizielle Sprachen. Für die Übersetzung aller Dokumente in diese Sprachen gibt es einen speziellen bürokratischen Apparat. Aber auch wenn Russisch viele Einwohner und auch Staatsbürger in Estland und Lettland ihre Muttersprache nennen, ist sie keine offizielle Sprache der EU.
Gerne wurden die Gastarbeiter, besonders die Türken in Deutschland und Österreich vorgeschoben, deren Bevölkerungsanteil in aller Regel bei weitem überschätzt wird. Auf Türkisch sei das Material ebenfalls nicht erschienen und auch nicht auf Katalonisch oder Baskisch.
Brüssel beeilte sich mit einer Entschuldigung.
Tatjana Schdanok, die zu Hause der Russenpartei Für die Rechte des Menschen in einem integrierten Lettland angehört, sitzt im EU-Parlament bei Europas Freier Allianz. Sie war

1991 gegen den Zerfall der Sowjetunion und sagt heute, daß in Lettland 40% und in Estland 30% der Bevölkerung Russen seinen. Dies sei Grund genug, dieser Sprache den Status der offiziellen Landessprache zuzugestehen.
Beide Kritiker wandten sich mit ihrer Ansicht an die zuständige EU-Kommissarin Viviane Reding.
Die Sprachthematik ist nach wie vor in Estland und Lettland hochaktuell. Seit der Unabhängigkeit hat sich die Situation ins Gegenteil verkehrt. Früher sprachen eigentlich alle Balten, insbesondere in Lettland, Russisch mehr oder weniger gezwungenermaßen wie ihre zweite Muttersprache, während die zugewanderten Russen weder im öffentlichen Leben dazu gezwungen, noch von der Obrigkeit dazu ermuntert wurden, die Sprache der Sowjetrepublik zu lernen, in der sie lebten. Heute lernen die jungen Russen bereits in der Schule die Landessprache, Russisch rückte aber hinter westlichen Fremdsprachen bei jungen Esten und Letten in den Hintergrund.
Kürzlich diskutierten die Eltern von Schülern einer elitären Mittelschule in Riga über die zweite Fremdsprache für ihre Sprößlinge. Es kam zu erhitzten Debatten zwischen Deutsch und Russisch. Richtig ist, daß auf dem Arbeitsmarkt, in der freien Wirtschaft Russisch verlangt wird. Die Bedeutung des Russischen ist also weder für den Einzelnen noch für die Gesellschaft zu unterschätzen.
Ein Kommentar sei dem Autor dieser Zeilen erlaubt. Sprachkenntnisse sind immer ein Vorteil. Die Zugänglichkeit von Informationen in mehreren Sprachen ebenfalls. Daß die EU eine Broschüre ins Russische übersetzt, kann bei der Integration auch jenes Teils der russischen Bevölkerung, der eben Estnisch und Lettisch nicht beherrscht, nicht schaden. Und in diesem Sinne würde die Übersetzung ins Türkische, einem Land, das immerhin EU-Beitrittskandidat ist, ebenfalls nicht schaden. Arabisch, Chinesisch, Hindu - warum nicht. Mit Spanisch und Portugiesisch werden andere große Ökonomien außerhalb Europas bereits abgedeckt. Letztlich ist die Übersetzung in Sprachen der G20 Staaten, um einfach ein Beispiel zu nehmen, eher eine Frage der Finanzierung, nicht der Nützlichkeit.

Diskriminierung der Russen im Baltikum - alte Kamellen?

Der Uno-Ausschuß gegen Rassendiskriminierung hat Estland aufgefordert, öffentliche Dienstleistungen zweisprachig anzubieten und auf die Bestrafung der Nichteinhaltung des Sprachgesetzes zu verzichten. Gleichzeitig sollten mehr kostenlose Sprachkurse angeboten werden. Es wird empfohlen, im kommenden Jahr die Aufgaben der Sprachkommission zu überprüfen, denn die bisherige Praxis könne als Diskriminierung verstanden werden und negative Gegenreaktionen auslösen. Der Ausschuß regt außerdem eine Vereinfachung der Einbürgerung an.

Darüber informierte sich eine estnische Delegation nach der 61. Sitzung des Ausschusses in Genf.

Die Bewertung der Situation der in Estland und Lettland lebenden Russen wird seit dem Zusammenbruch der Sowjetunion 1991 im „Westen" kritisch gesehen. Beide Staaten gewährten nicht allen Einwohnern die Staatsbürgerschaft und verlangen für Berufe mit Kundenkontakt entsprechende Kenntnisse der Landessprache. Von 1993 bis 2001 berieten Missionen der OSZE die Regierungen in Tallinn und Riga.

Von Journalisten befragte Kursteilnehmer im Ort Lindakivi, berichtet die Zeitung Postimees, zeigten sich erfreut, Kurse gebe es viele, aber eben nicht kostenlos. Außerdem empfände man es tatsächlich als Diskriminierung, mit der Polizei im Bedarfsfall auf Estnisch über technische Dinge sprechen zu müssen.

Das Bildungsministerium plant jedoch keine wesentlichen Änderungen, wenn auch an eine weniger scharfe Anwendung der Bestrafungsmethoden gedacht werde. Kassierte Estland noch 2007 349.890 Kronen, so verringerte sich die Zahl der Fälle um 233 und um insgesamt mehr als 250.000 Kronen, knapp 16.000 Euro.

Der Ausschuß bemängelte ebenfalls, daß einstweilen wenige Vertreter der ethnischen Minderheiten in öffentlichen Ämtern arbeiteten und ist der Ansicht, der estnische Staat müsse alle Anstrengungen unternehmen, diese Situation zu verbessern. Da es in den vergangenen Jahren nur wenige Beschwerden wegen Rassendiskriminierung gegeben habe, soll nun Estland beweisen, daß dies nicht durch fehlenden Kenntnisse der Betroffenen über ihre Rechte begründet ist.

Dem erwidert das Bildungsministerium, daß in Tallinn und Ida Virumaa die Angestellten der öffentlichen Hand in aller Regel hinreichend Russisch sprächen, eine große Anzahl in Ida Virumaa aber nicht unbedingt Estnisch.

Daß Außenministerium weist darauf hin, daß der Ausschuß letztlich keine Rechte habe, gegen eine Nichtbeachtung der Empfehlungen Sanktionen zu verhängen, doch Estland habe mit der Ratifizierung der Internationalen Konvention die Aufgabe übernommen, Diskriminierung zu verhindern.

Die Internationale Konvention gegen Rassendiskriminierung wurde 1965 in New York verfaßt. Estland trat ihr 1991 bei. Alle Mitgliedsstaaten müssen regelmäßig Berichte über die Situation in ihrem Land vorlegen. Artikel 1 lautet: „In diesem Übereinkommen bezeichnet der Ausdruck «Rassendiskriminierung» jede auf der Rasse, der Hautfarbe, der Abstammung, dem nationalen Ursprung oder dem Volkstum beruhende Unterscheidung, Ausschließung, Beschränkung oder Bevorzugung, die zum Ziel oder zur Folge hat, daß dadurch ein gleichberechtigtes Anerkennen, Genießen oder Ausüben von Menschenrechten und Grundfreiheiten im politischen, wirtschaftlichen, sozialen, kulturellen oder jedem sonstigen Bereich des öffentlichen Lebens vereitelt oder beeinträchtigt wird."

Nun ist es gewiß zutreffend, daß eine Situation, in welcher eine beachtliche Zahl von Staatenlosen in einem Land leben, wie dies in Estland und Lettland der Fall ist, in keiner Weise erstrebenswert ist, zumal die Idee des Nationalstaates aus dem 19. Jahrhundert stammt und im Zeitalter der Globalisierung zunehmend an Bedeutung verliert. Verständlich wird dies in den genannten Fällen durch die Sorge, auf dem eigenen Territorium zur Minderheit zu werden. Andererseits müssen sich die Estland und Lettland vorwerfen lassen, in den vergangenen 20 Jahren nach einer anfänglichen Ausgrenzung von der Staatsbürgerschaft - und nur von dieser (!) - nicht genug zur Integration unternommen und die Ausbildung von Parallelgesellschaften geflissentlich toleriert zu haben.

Gerade gegenüber deutschen Besuchern wird in Ablehnung gern mit „den Türken" verglichen, obwohl schon zahlenmäßig der Vergleich hinkt und der Unterschied zwischen einem „Okkupationsvolk" und angeworbenen Gastarbeitern auf der Hand liegt. Daß Estland und Lettland nach 1991 angesichts einer tragischen Geschichte zunächst einmal die Konsolidierung des eigenen Volkes wichtig war, ist verständlich.

Diskriminierung scheint seit 1991 in Estland und Lettland immer das falsche Wort gewesen zu sein, denn es ist ja nicht so, daß jemand an sozialem, wirtschaftlichem und politischem Handeln gehindert worden wäre. Viele Russen gehören zu den Reichen im Land. Ausgrenzung trifft es besser.

Ossi-Wessi-Konflikt auf Estnisch

Von Ende 2006 bis Mitte 2007 überschnitten sich die Amtszeiten der Präsidenten der baltischen Republiken so, daß gleichzeitig Rückkehrer aus dem Exil diese Position in Estland, Lettland und Litauen besetzten, Menschen, welche die Zeit der Sowjetherrschaft nicht persönlich erlebt hatten. Valdas Adamkus war in Litauen so populär, daß er nach dem Intermezzo mit dem später durch ein Impeachment abgesetzten Rolandas Paksas erneut gewählt wurde. Vaira Vīķe-Freiberga in Lettland überzeugte die Letten als Kompromißkandidatin, während in Estland mit Toomas Hendrik Ilves ein Mann aus der aktiven Politik das Amt bekleidet - er war vorher bereits zwei Mal Außenminister gewesen.
Über die Frage, was Osteuropa ist, gab es in der Politikwissenschaft in den 90er Jahren umfangreiche Diskussionen. Der Kompromiß lief in etwa darauf hinaus, sich auf diesen Begriff für die post-sozialistischen Staaten zu einigen. Estland jedoch mit seinem großen Bruder Finnland orientierte sich ganz im Gegenteil zu seinem südlichen Nachbarn Lettland schnell weg von einer Orientierung auf die schicksalhafte Vergangenheit hin zur Gestaltung einer neuen Zukunft. Ilves war es, der als Außenminister die Bezeichnung Estlands als osteuropäischen Staat zurückwies und erklärte, Estland sei ein nordischer Staat.
Vor den Sowjets waren viele Menschen aus dem Baltikum geflohen. Communities gibt es in Amerika, Australien, Schweden und Deutschland, um nur einige zu nennen. Einige der Flüchtlinge und auch einige Sprößlinge dieser Familien kehrten nach 1991 zurück. Für die örtliche Bevölkerung waren sie teilweisewillkommene Helfer, schnell aber wurde ähnlich wie im wiedervereinigten Deutschland klar, daß es Mentalitätsunterschiede gibt. In den 90er Jahren war der Vorwurf an die Exilanten aber auch andere Ausländer, sie verstünden überhaupt nichts, denn sie hätten ja nicht vor Ort gelebt, alltäglich.
Die meisten politisch aktiven Rückkehrer verschwanden schnell wieder von der politischen Bühne, wobei darunter sicher auch einige schillernde bis zwielichtige Personen wa-

ren wie etwa der Ex-Militär Jüri Toomepuu in Estland mit seiner radikalnationalistischen Partei wie auch der Pseudo-Lette Joachim Siegerist mit seinem Bananen-Coup.
Nun neigt sich die Amtszeit von Toomas Hendrik Ilves in Estland dem Ende zu und der Kolumnist Ahto Lohjakas meint, Ilves habe sich zunehmend von den Menschen im lande entfernt und würde derzeit kaum eine Direktwahl gewinnen. Andrus Saar vom demoskopischen Institut Saar Poll pflichtet dem bei und sagt, Ilves habe seine Rolle als Präsident noch nicht gefunden, er wirke eher wie ein Gouverneur. Anstelle überzeugender Ideen, die er zielstrebig durchsetzen müßte, wechsele er häufig seine Positionen, mal näher am Volk mal ferner von ihm. Er halte Reden, welche die Angesprochenen nicht erreiche. Sein Urteil: den Präsidenten sähe man häufig, aber sichtbar sei er selten. Saar spricht von einer gläsernen Wand und wenig Empathie.
Da in Estland das Parlament den Präsidenten wählt und nicht das Volk, so Saar, ist von eienr Wiederwahl auszugehen, denn für die politische Elite gebe es keine Schwierigkeiten mit Ilves. Die estnische Verfassung sieht eine 3/5-Mehrheit für die Wahl des Präsidenten vor, was bislang seit der Unabhängigkeit nie geglückt ist, weshalb verfassungsgemäß ein Gremium aus Abgeordneten und Vertretern der kommunalen Parlamente zusammenkam. Nach den jüngsten Wahlen im März gibt es jedoch in Riigikogu nur noch vier Fraktionen. Die beiden Koalitionsfraktionen hatten Ilves auch früher unterstützt. Die oppositionellen Sozialdemokraten sind die politische Heimat des Präsidenten. Damit bleibt nur Savisaars Zentrumspartei, die gegen Ilves sein könnte. Gut möglich, daß das Parlament tatsächlich dieses Jahr erstmalig die Entscheidung direkt trifft.

Intolerantes Estland?

Daß die postsozialistische Staatenwelt gegenüber in jeder Form andersartigen Menschen nicht besonders tolerant sind, ist nichts Neues. Über die Homosexuellen-Paraden und die damit verbundenen Schwierigkeiten wurde viel berichtet. Menschen anderer Hautfarbe betreffend besteht das Problem bereits darin, daß es kaum solche Menschen gibt in den baltischen Ländern. Immer wieder gibt es einige Vorzeigeausnahmen, die der Landessprache mächtig irgendwie im Showgeschäft Fuß fassen.

Nun gibt es eine Studie der OECD, die Estland erneut diesen Vorwurf macht. Dies muß erstens vor dem Hintergrund gesehen werden, daß es auch in anderen Ländern heftige Integrations- und Leitkulturdebatten gibt und die sogenannten Zigeuner eigentlich in keinem europäischen Land willkommen sind. Zweitens wird dieser Bericht im Jahre eins der Mitgliedschaft Estlands im Club der entwickelten Staaten publiziert.
Die OECD kommt nun zu dem Ergebnis, daß Estland unter den OECD-Staaten nicht nur mit Abstand die intoleranteste Gesellschaft sei, in der nur 26% der Befragten keine Probleme mit Fremden hätte, sondern sich diese Abneigung in den vergangenen Jahren noch verstärkt habe.
Der estnische Menschrechtsexperte Karl Käsper weist darauf hin, daß statistisch deutlich erkennbar ein Zusammenhang zwischen Toleranz und Lebensstandard bestünde. Je toleranter eine Gesellschaft ist, desto besser seinen die Indexe. In Estland konstatiert er, daß dieses Problem von offizieller Seite ignoriert werde. Daß es im Gegenteil zu anderen europäischen Staaten keine xenophobische Partei gebe, erklärt er damit, daß hinreichend viele Politiker der etablierten Parteien nicht anders dächten und dies auch öffentlich zum Ausdruck brächten.
Ein von der Zeitung Postimees befragter 28jähriger Portugiese, der in Estland seit sieben Jahren lebe, kommentiert, die Esten seien nicht intolerant, sondern vorsichtig. In der Geschichte habe das Volk Unterdrückung, Okkupation und Ausnutzung erfahren und sei deshalb Fremden gegenüber aus historischer Erfahrung zurückhaltend. Er habe in seinen Jahren in Estland keine Diskriminierung oder Gewalt erfahren. Natürlich gebe es einzelne Ereignisse, die den Rückschluß zulassen, daß jemand etwas gegen eine andere Hautfarbe oder fremde Gewohnheiten gehabt habe. Solche Menschen aber gibt es nach Meinung des Portugiesen in jedem Land.
Karl Käsper weißt darauf hin, daß die Flüchtlinge aus Estland während des Zweiten Weltkriegs auch irgendwo in der Fremde angekommen seien und dort trotzdem aufgenommen wurden.

Überraschendes politisches Schauspiel um Geld

Auch Estland ist von der derzeitigen globalen Finanzkrise betroffen. Aus diesem Grund planten die Parlamentarier einen Schritt, der für ihre Kollegen weltweit ungewöhnlich ist. Üblicherweise wird gerade über gegenteilige Beschlüsse gestritten: Die Abgeordneten von Riigikogu wollen sich angesichts der klammen finanziellen Situation der Einwohner Estlands die automatische Vergütungserhöhung verweigern.

Das aber verstößt nach Ansicht von Präsident Toomas Hendrik Ilves gegen die Verfassung. Bereits einmal hat er das Gesetz zu neuerlichen Beratung an das Parlament zurück verwiesen. Die Abgeordneten verabschiedeten es aber erneut. Jetzt hat der Präsident die Novelle beim Verfassungsgericht eingereicht, daß wohl bis Februar kommenden Jahres entscheiden wird.

Die Institution des Õiguskantsler ist in der estnischen Verfassung ein über den Ombudsmann weit hinaus gehendes Amt, daß auch die Rechtmäßigkeit der Gesetzgebung und die Arbeit der kommunalen Selbstverwaltung beobachtet und berät. Amtsinhaber Indrek Teder ist der Ansicht, daß die Verfassung zwar in der Tat die Erhöhung des Einkommens der Abgeordneten für die laufende Legislaturperiode verbiete, diese also nur für das nächste Parlament in Kraft treten könne. Dies gelte aber nicht für eine Senkung und das Einfrieren der Bezüge. Dieser Meinungsäußerung hat nach Auffassung des Vorsitzenden des Verfassungsausschusses, Väino Lind, die Abgeordneten so weit überzeugt, daß das Gesetz mit 58 von 101 Stimmen verabschiedet wurde.

Die Reformpartei hat sich der Stimme jedoch enthalten. Jürgen Ligi begründete, daß angesichts von Arbeitslosigkeit und stagnierenden Einkommen dies auch für die Parteifreunde unangenehm sei.

Der Vorsitzende der Fraktion der Grünen, Marek Strandberg, bestätigt, es sei für die Gesellschaft in Krisenzeiten nicht egal, ob das Parlament konsequenten Sparwillen beweise. Gleichzeitig halte er es für richtig, den Streit zwischen staatlichen Organen vor dem Verfassungsgericht auszutragen.

Grenzüberschreitungen – die geteilte Stadt Walk

Bei geteilten Städten denkt der Deutsche zunächst einmal an Berlin, vielleicht noch an zypriotische Hauptstadt Nikosia oder auch Beirut während des Bürgerkrieges. Doch es gibt es Beispiel auch im Baltikum: Walk. Die Stadt in Livland war jahrhundertelang nicht geteilt, weil es an dieser Stelle trotz der gemischten estnischen und lettischen Bevölkerung Livlands keine Grenze gab. Die Entstand erst mit der Unabhängigkeit Estlands und Lettlands nach 1918. Aus Walk wurden das estnische Valga und das lettische Valka, das faktisch nur die südwestliche Vorstadt des Ortes umfaßte. Doch diese Teilung hielt ebenfalls nur etwa 20 Jahre an, denn mit der Inkorporation der baltischen Staaten in die Sowjetunion 1940 verschwand die Grenze wieder.

Das nationale Selbstbewußtsein trug nach der neuerlichen Unabhängigkeit 1991 dazu bei, daß die Esten auch in Vorbereitung auf den erhofften EU-Beitritt ihre Grenzen befestigen. In dieser Zeit zeichnete sich noch nicht ab, daß gleich zehn Staaten gleichzeitig der EU würden beitreten können. Während also in Berlin die Mauer fiel, wurde in Walk eine Grenze gezogen.

Das bedeutete natürlich nicht, daß keine Esten mehr nach Lettland und Letten nach Estland fahren konnten. Probleme gab es trotzdem zahlreiche. Zunächst nämlich wurde zum Grenzübertritt noch gestempelt, Personalausweise gab es damals überhaupt nicht. Auf diese Weise waren die Pässe aber zügig voll und die Betroffenen waren gezwungen, vor Ablauf der Gültigkeit neue Dokumente zu beantragen. Manche Menschen wohnten im einen Teil der Stadt, arbeiteten aber im anderen. Für Verwitwete Personen wurde sogar der Friedhofsbesuch damit plötzlich eine Geldfrage.

Besonders betroffen waren die Einwohner russischer Nationalität, Migranten aus der Sowjetzeit, die wegen der Gesetzgebung in Lettland und Estland mit dem Status der Staatenlosen besonders große Schwierigkeiten beim Grenzübertritt hatten, weil sie für das jeweils andere Land auch noch ein Visum benötigten.

Am schlimmsten traf es jedoch eine Reihe von estnischen Staatsbürgern, Bewohner einer kleinen Straße, die auf estnischer Seite põhja, Nordstraße, und auf der lettischen Seite savienības, Unionsstraße heißt. Die Esten hatten sich hier in der Sowjetzeit Eigenheime errichtet, von denen ein Teil sich nach der Grenzziehung von 1920 aber auf lettischer Seite

befand. Der Vorschlag eines Staatsgebietsaustausches wurde von lettischer Seite abgelehnt.
Mitte der 90er Jahre begann nach dem Vorbild der grenzüberschreitenden Zusammenarbeit der Städte Haparanda und Tornio in Schweden und Finnland Besserung. Einzig für Personen aus dritten Staaten blieb es lange unmöglich, einen der drei Grenzübergänge im Stadtzentrum zu nutzen. Für nicht motorisierte Besucher ein großes Problem. Seitdem das Schengener Abkommen auch in Estland und Lettland gilt, sind diese Schwierigkeiten vollumfänglich beseitigt.
Obwohl die physische Grenze verschwunden ist, bleibt natürlich eine juristische, und so sind andere Ärgernisse geblieben. Darum besuchten jüngst Delegationen der Außenministerien beider Staaten die Stadt, um sich über die aktuelle Situation zu informieren. Dabei stellte sich heraus, daß es im Bereich Kultur und Sport eine umfangreiche Zusammenarbeit gibt, diese sich damit aber auch erschöpft.
Für Probleme sorgt die Infrastruktur. Zwar nimmt das Krankenhaus in Valga Patienten aus Lettland auf, die ohne europäische Versicherungskarte aber die Rechnung selbst begleichen müssen. Bringt eine Lettin ein Kind in Estland zur Welt, sind notariell beglaubigte Übersetzungen der Dokumente erforderlich, damit das Kind als lettischer Staatsbürger registriert werden kann.
Ähnlich kompliziert verhält es sich mit dem Zugverkehr. Von Riga und von Tallinn gibt es Verbindungen, die lettischen Züge halten sogar am im estnischen Valga gelegenen Bahnhof, doch die Abfahrtszeiten sind schlecht abgestimmt und verlangen stundenlanges Warten. Noch schwierigere Zustände betreffen den Nahverkehr. Obwohl die lettische Seite einen Bus angeschafft hatte, läßt sich die gewünschte Linie nicht realisieren, denn während in Estland Rentner gratis fahren, müßten sie nach dem Grenzübertritt einen Fahrschein kaufen.
Die beiden Delegationen zeigten sich nach Angaben der lettischen Presse überrascht darüber, wie viel in Valga Valka abhängig ist von Entscheidungen, die nur in der Hauptstadt getroffen werden können. Die Delegationen besuchten die geteilte Stadt, weil sie ihren Regierungschef Bericht erstatten sollen.

Impressionen aus Valga / Valka einige Jahre zuvor

Seit jeher lag die Stadt Walk auf der Grenze des estnisch bzw. Lettisch besiedelten Territoriums. Einzig gehörte die Stadt zum gemischtethnischen Livland, eine Grenze zu ziehen wurde erst nach der Unabhängigkeit Estlands und Lettlands 1918 erforderlich. Damals verblieb der größere Teil der Stadt den Esten. Während des kalten Krieges in der Sowjetunion durchzog den Ort dann wieder keine Grenze mehr, die Ironie der Geschichte nach dem Ende des kalten Krieges 1991 wieder gezogen wurde.

Innerstädtisch gab so es zeitweilig zwei Grenzstationen und einige gesperrte Straßen. Das bedeutete natürlich nicht, daß keine Esten mehr nach Lettland und Letten nach Estland fahren konnten. Probleme gab es trotzdem zahlreiche. Zunächst nämlich wurde zum Grenzübertritt noch gestempelt, Personalausweise gab es damals überhaupt nicht. Auf diese Weise waren die Pässe aber zügig voll und die Betroffenen waren gezwungen, vor Ablauf der Gültigkeit neue Dokumente zu beantragen. Manche Menschen wohnten im einen Teil der Stadt, arbeiteten aber im anderen. Für verwitwete Personen wurde sogar der Friedhofsbesuch damit plötzlich eine Geldfrage.

Besonders betroffen waren die Einwohner russischer Nationalität, Migranten aus der Sowjetzeit, die wegen der Gesetzgebung in Lettland und Estland mit dem Status der Staatenlosen besonders große Schwierigkeiten beim Grenzübertritt hatten, weil sie für das jeweils andere Land auch noch ein Visum benötigten.

Am schlimmsten traf es jedoch eine Reihe von estnischen Staatsbürgern, Bewohner einer kleinen Straße, die auf estnischer Seite põhja, Nordstraße, und auf der lettischen Seite savienības, Unionsstraße heißt. Die Esten hatten sich hier in der Sowjetzeit Eigenheime errichtet, von denen ein Teil sich nach der Grenzziehung von 1920 aber auf lettischer Seite befand. Der Vorschlag eines Staatsgebietsaustausches wurde von lettischer Seite abgelehnt.

Diese Probleme haben sich mit dem Beitritt zum Schengener Abkommen erledigt und das gilt auch für jene russischen Einwohner, die nach wie vor im Staatenlosen-Status leben. Andererseits haben sich Estland und Lettland in den vergangenen zwanzig Jahren sehr unterschiedlich entwickelt. Die Esten zahlen ab 2011 mit dem Euro, während die Letten noch immer unter den Folgen der Krise leiten.

Das trieb nun rund 15 im estnischen Valga arbeitende lettische Staatsbürger dazu, einem Aufruf des Bürgermeisters zu folgen, und sich auf der estnischen Seite offiziell anzumelden. Zurück geht die Situation auf Jobs in stabilen Unternehmen wie der Möbelfabrik, dem Fleischkombinat und dem Depo der estnischen Bahn. Hinzu kommen Vorteile finanzieller Natur wie ein höheres Kindergeld, niedrigere Steuern, eine wohnortnahe Gesundheitsversorgung – die Aufnahme von Letten ins Krankenhaus der estnischen Stadthälfte ist ansonsten nur mit EU-Versicherungsschein möglich, höhere Pensionsansprüche, deren zweite Säule im estnischen System vererbbar ist wie auch ein wenn auch geringfügig höherer Mindestlohn. Die Betroffenen tauschen ihren Verdienst in aller Regel nicht in die lettische Währung um, da Estland auch billiger sei.
Die Politik im lettischen Valka ist empört. Jeden Monat treffe man sich zur gemeinsamen Planung, offiziell heiße es, eine Stadt zwei Staaten, und dann müsse man von diesem Schritt aus der Presse erfahren. Pikant an der Einladung des estnischen Kollegen ist freilich, daß eine Anmeldung nur möglich ist für jene, die im estnischen Valga Freunde oder Verwandte haben, denn die Stadt hat einerseits keine Wohnflächen und wäre auch gesetzlich daran gehindert, diese Letten anzubieten. Insofern bedeutet die Ummeldung der 15 Personen nicht notgedrungen, daß diese auch physisch auf der estnischen Seite leben. Der Bürgermeister des estnischen Valga rechtfertigt sich jedoch mit dem Hinweis, daß ein Teil der Abgaben der in Valga Arbeitenden unabhängig davon, ob diese aus Lettland stammen oder in Estland in einer anderen Gemeinde leben, in die Hauptstadt überwiesen werden und nicht vor Ort verbleiben. Dies sei seine Motivation gewesen. Er versprach gleichzeitig, die entsprechenden Einnahmen in jedem Fall in die Verbesserung der Infrastruktur zu investieren.
Einen regen Verkehr und grenzüberschreitendes Wohnen gibt es auch in Hesinki und Tallinn, zwei Hauptstädte, die immerhin das Meer auf einer Entfernung von 80km trennt. Dennoch spricht man schon lange von Talsinki. Das Außenministerium in Riga hat bereits erklärt, daß es lettischen Staatsbürgern freistehe, ihren Wohnsitz in einem anderen Land zu nehmen.

Amokläufer nun auch für die Esten

Am 11. August 2011 überfiel ein Mann das estnische Verteidigungsministerium. Wie sich bald herausstellte, handelte es sich um den aus Armenien stammenden Karen Drambjan, der sich im Anschluß selbst richtete.

Der Mann war bereits in diesem Frühjahr den Behörden aufgefallen, als er im Streit mit einem Nachbarn ein auf sich registriertes Barett gegen die Wand gehalten hatte. Der russische Ombudsmann Sergej Sederenko erinnert sich, daß er das Einschußloch gesehen habe. Damals hatte aber niemand mehr auf diesen Vorfall gegeben. Der Ombudsmann, der den Schützen persönlich gekannt hat, erinnert sich an das Jahr 2007. Im Zusammenhang mit dem Konflikt um die Versetzung des Bronzesoldaten, was damals zu mehrtägigen Ausschreitungen geführt hatte, habe der Armenier gedroht, er werde notfalls auch bewaffnet auf den Tõnismägi ziehen, um den Aljoscha zu schützen, was viele gehört hätten. Sederenko fügt hinzu, daß Drambjan weder verrückt noch dumm gewesen sei, sondern einfach eine schwere Zeit gehabt habe. Jetzt hülfen den Mitarbeitern des Verteidigungsministeriums Psychologen, aber wo sei die Hilfe für Drambjan gewesen, als dieser sie genötigt habe, fragt er. Die Sicherheitsbehörden lögen, wenn sie nun behaupteten, der Schütze sei schon vorher in ihrem Fadenkreuz des Interesses gewesen. Ein Freund des Täter bestätigt gegenüber der Presse diese Informationen. Niemand habe geglaubt, daß Drambjan einen Angriff startet, dies sei aber die Reaktion eines emotionalen Menschen auf die ihm zugefügten Ungerechtigkeiten gewesen.

Keine der beiden zitierten Personen erwähnt jedoch, was der Täter erlitten haben soll und durch wen, wieso das Ziel des Angriffs ausgerechnet das Verteidigungsministerium wurde. Es heißt nur, daß Drambjan zu viel freie Zeit gehabt habe, weil sein Anwaltsbüro wegen seiner fehlenden Estnisch-Kenntnisse weitgehend unbeschäftigt war und er dadurch auch noch seine Wohnung in Maardu bei Tallinn verlor, für welche er einen Kredit ausgenommen hatte. Sein Vater sei wohl Professor in Moskau gewesen und er selbst ein heißblütiger Armene mit osteuropäischen Lebensgewohnheiten, der nicht einmal um Hilfe gebeten habe, als er wegen mangelnder Einnahmen hungerte.

Ergänzung: Nach dem Amoklauf im Verteidigungsministerium im August wurde dieser auch im Estland-Blog diskutiert. Hier gab es eine Erörterung der unterschiedlichen Angaben in der Presse. Wikipedia ist sicher alles andere als eine sichere Quelle, aber es ist interessant zu sehen, daß unmittelbar nach den Ereignissen im August über den Täter ein Artikel eingestellt wurde, den es einstweilen auf Englisch, Estnisch und Finnisch gibt.

Die estnische Version bezeichnet Drambjan als Lokalpolitiker, Jurist und Terrorist, der das sowjetische Estland habe wieder herstellen wollen (sic!). Er stamme aus Armenien, seine Muttersprache sei jedoch Russisch. Er habe in Tartu und Kaliningrad studiert, sei geschieden und Vater zweier Töchter, von denen eine in Spanien lebt.

Drambjan habe als Anwalt 2007 Larissa Neštšadimowa (estnische Transkription) von Ночной дозор (nächtliche Wache) verteidigt, die im Zusammenhang mit den Ausschreitungen wegen der Versetzung des bronzenen Soldaten angeklagt worden war, wurde aber später durch einen „fähigeren", der Landessprache mächtigen anderen Juristen ersetzt. Wie gut er sich im estnischen Recht nach der Unabhängigkeit auskannte, wurde bislang weder von der Presse noch von Wikipedija erwähnt.

Drambjan gehörte eine Weile der inzwischen im Parlament nicht mehr vertretenen Volksunion an, die mehrfach mutierte Partei des ehemaligen Präsidenten Arnold Rüütel. Darüber hinaus war er aktiv in der Splitterbewegung Konstitutionspartei sowie in der Vereinigten Linkspartei, der heute bedeutungslosen Nachfolgeorganisation der Kommunisten Estlands. Der gebürtige Armenier hatte nach 1999 für die Liste „Zukunft Maardus" im Stadtrat von Maardu gesessen, war aber mit jeweils 45 und 23 Stimmen als Kandidat der Volksunion und der Linkspartei angehörender Einzelkandidat später nicht erneut gewählt worden. Für die Konstitutionspartei hatte er 2007 auch erfolglos versucht, im Wahlkreis Tallinn-Piritia ins nationale Parlament zu gelangen.

Der Beitrag in Wikipedija diskutiert ebenfalls, daß von politischer Seite nach dem Anschlag in Tallinn der Vergleich zum Amoklauf in Norwegen gezogen wurde und das Psychologen der Ansicht sind, Drambjan habe es lediglich an Aufmerksamkeit gefehlt, sein Tot wäre somit vermeidbar gewesen. Zu den Motiven wird auch hier spekuliert über die schwierige Lebensituation des Verstorbenen, der seine Kanzlei wegen mangelnde Kenntnisse der Landessprache hatte schließen, Wohnung, Sommerhaus und Auto verkaufen müssen und bei Freunden lebte und später einen Schlafplatz in Lasnamäe gemietet habe.

Mit 20 schon kein „Baby" mehr

Estland macht sich Gedanken über die Rolle der Frau

Tallinn, im November 1997. - Zwanzig Jahre nach dem Beginn der Frauenbewegung wurde im Westen jüngst philosophiert, wie weit der Feminismus gekommen sei. Im Osten werden derweil ganz andere Betrachtungen zelebriert.

Für den gelegentlichen Osteuropareisenden ist es gewiß eine vertraute Tatsache, daß Frauen zwischen Tallinn und Sofia mehr auf ihre weibliche Erscheinung bedacht sind, denn im Westen üblich. Wer jedoch annimmt, es handele sich dabei um einen gewissen „Mainstream", der irrt, denn auch hierzulande gibt es feine Unterschiede und die dürfen natürlich wie in jeder anderen Gesellschaft nicht unumstritten sein.

In Estland spricht man von „beib", lies: „Bäib". Wer das ist, wer nicht und welches Image die Betreffenden genießen, ist Gegenstand ausgiebigster Diskussionen. So wurde anläßlich einer der vielen Miß-Wahlen diesen Sommer schon die Vorstellungen der Kandidatinnen in der Zeitung direkt zur philosophischen Auseinandersetzung, stellte sich doch eine 17jährige blonde Schönheit mit den Worten zur Wahl, sie habe nichts dagegen, von einem Mann „beib" genannt zu werden. Zwei Zeilen tiefer fand der aufmerksame Leser eine junge Bankangestellte, die eine solche Anrede ablehnte und der Hoffnung ausdruckt gab, sie werde im Leben nie so angesprochen werden.

Die jüngste Blüte in diesem Disput ist jedoch ein ganzseitiger Artikel in der größten Tageszeitung des Landes, „Postimees", der sein Erscheinen in der Sonntagsausgabe sicher nicht zuletzt dem Kampf der estnischen Großen um Marktanteile verdankt. Dabei macht es jedoch nicht der gewagte Inhalt, sondern das weiße Papier. Da sich schon die Konkurrenz seit kurzem siebentägig profiliert, darf sich auch der Marktführer am letzten Tag der Woche nicht lumpen lassen und füllt also Seiten.

Grafisch wird verdeutlicht, wie sich „beib"s während der ersten drei Jahre verhalten. Da ist von der Auswahl eines entsprechenden Geschäftsmannes die Rede, der auf Partys begleitet wird. Es folgen standesgemäße Garderobe, Auto und Wohnung. Schließlich versucht die junge Dame die Beziehungen ihres Gönners auf dem Erfolgsweg zu unterstützen, um anschließend wieder größere Unabhängigkeit von ihm zu erlangen. Dabei würden vorwiegend solche Männer bevorzugt, die nicht übermäßig viel Zeit in die Entwicklung ihrer Firma investieren müssen oder wollen - oder noch schlimmer eigenen Interessen nachgehen, landläufig auch Hobby genannt.

Unter der fotografischen Darstellung einer verführerisch gekleideten jungen Dame heißt es: „Das Aussehen ist trügerisch - überzeuge dich, ob du es mit einem „beib“ zu tun hast oder nicht“. Komisch: Ist das Aussehen nicht viel eher verräterisch? Eines ist jedoch gewiß: Es gibt hübschere Mädels in Estland als die abgebildete.

Der Artikel selbst widmet sich einer tieferen Analyse. Was wollen die „beib“s, was machen sie und vor allem auch, was fangen sie falsch an. Manche machten den strategische Fehler, zwar prinzipiell richtig Geld und Auto des Verehrten als Maßstab zu nehmen, doch ließen sie sich oft auch auf Männer ein, die zum Beispiel drei Geschäfte und zwei Lager besitzen. Zu wenig befindet der Autor sachkundig. Ein solcher Sponsor habe möglicherweise keine Entwicklungschancen.

Aber „beib“s, so der Sozialkritiker weiter, kümmerten sich nicht besonders um die Zukunft, im Zweifelsfall werde eben schnell ein neuer Sponsor gesucht. Doch auch hier drohe den Mädchen Gefahr. Waren sie zu lange mit einem Mann zusammen, so könne es schon mal passieren, daß sie kein anderer mehr will, freilich vor allem dann, wenn „beib“ langsam in die Jahre kommt. Und das ist natürlich früh. Im Alter von 20 bis 25 Jahren seien die Möglichkeiten bereits weitgehend erschöpft.

Auch um den internationalen Vergleich bemüht sich die Analyse. In Estland heißt es da, seien die Methoden der „beib“s noch bis hin zum einschlägigen Slang etwas zurückgeblieben gegenüber sagen wir - Frankreich etwa, wo in Ermangelung einer ähnlichen Vielzahl von Sponsoren die Konkurrenz schlicht größer sei. Aber das Temperament macht's natürlich auch. Warum im Land des Weines das männliche Interesse geringer ist, verrät der Artikel gleich ebenso. Dort nämlich gebe es einfach mehr Möglichkeiten für die Herren der Geschäftswelt, ihr Geld anderweitig auszugeben oder zu investieren, wie sich der Autor wörtlich auszudrücken beliebt.

Womit wieder bewiesen wäre, daß es sich als Manager im Westen eben doch sicherer lebt!

Estnische Frauen im Postsozialismus

Über die sozialen Folgen des Regimewechsels gerade für Frauen wird auch in der estnischen Presse berichtet: mit welchen Fragen werden heute im Ausland lebende Frauen konfrontiert und wie leben jene in Estland verbliebenen. Internationale Konflikte nach Trennungen bleiben ebenfalls nicht aus.
Aber zunächst einige Hintergründe.

Gesellschaftliche Realität im Sozialismus

Die Wirtschaft während er sowjetischen Zeit war weniger auf Dienstleistungen als auf Produktion ausgerichtet und diese war im Vergleich mit dem Westen wenig technisiert und deshalb eine arbeitsintensive. Da wenigstens ideologisch die Gleichstellung der Frau propagiert wurde, waren diese auch in Berufen beschäftigt, wo sie in westeuropäischen Gesellschaften kaum zu finden sind. Das fällt auch nach der Wende ausländischen Beobachtern meist schnell auf: Trolleybusse und Straßenbahnen werden überwiegend von Frauen gefahren.
Aber nicht nur darin unterscheidet sich die Rolle der Frau in der Gesellschaft. Wegen der offiziellen und faktischen Gleichstellung, aber auch wegen der diktatorischen Herrschaft, die staatsbürgerliches Engagement nicht erlaubte, gab es in der Sowjetunion nie eine Frauenbewegung. Entgegen der bedeuteten Rolle der Frauen im Wirtschaftsbetrieb und oftmals als Manager ihrer Familie, hat sich ein archaisches Rollenbild der Geschlechter erhalten. Auch dies bemerken Ausländer schnell, daß die Damen im Alltag so viel wert auf ihr Äußeres legen wie in westlichen Gesellschaften nur zu bedeutenderen Anlässen. Bei längerer Beobachtung wird schnell deutlich, daß für die Frauen angesichts des männlichen Rollenverständnis die Verbindung von Beruf und Haushaltsführung der Normalfall ist.
Dem Zusammenbruch der Sowjetunion folgte eine Wirtschaftskrise und sozialer Niedergang, aber er brachte ebenso die Unabhängigkeit und neue Möglichkeiten.

Ausland und Ausländer als Ausweg?

Nach der Unabhängigkeit suchten viele Frauen ihr Heil in einer Verbindung mit einem westlichen Ausländer, zunächst häufig Finnen. Diese bilden allein wegen der geographischen Nähe den größten Anteil der touristisch oder geschäftlich in Estland reisenden Westler. Und dank der Empfangsmöglichkeit des finnischen Fernsehens schon während der Sowjetzeit war den meisten Esten diese eng verwandte Sprache geläufig. Die Attraktivität eines finnischen Partners minderte später der schlechte Ruf dieser Nation. Zu viele Finnen besuchten Estland vorwiegend wegen des günstigen Alkohols. Außerdem kamen als alternative Klientel Besucher zunehmend aus anderen westeuropäischen Staaten und aus Übersee.

Die Verbindung mit einem Ausländer bedeutet für die Frauen meistens früher oder später die dauerhafte Übersiedlung in ein anderes Land, denn die wenigsten Fremden übersiedeln auf Dauer nach Estland. Sie besuchen das Land meist nur zu Terminen oder leben als Vertreter ausländischer Firmen und Organisationen nur für einige Jahre an einem Einsatzort, um anschließend wieder versetzt zu werden. Für Vertreterinnen einer Nation, die gerade erst ihre Unabhängigkeit wiedergewonnen hat, ein schwerer Schritt, der mit dem Wechsel in eine andere Sprache einhergeht, denn das Estnische erlernen die wenigsten Ausländer. Trotzdem sind sie für einheimische Frauen eine so attraktive Partie, daß selten ein zeitweise nach Estland übersiedelter Ausländer lange alleinstehend bleibt. Keine Einheimische zur Frau nehmen meist nur jene, die bereits verheiratet sind.

Traditionelles Denken und Erhalt der Tradition

Ein Bestandteil des traditionellen Rollenverständnis ist der Kinderwunsch. Und damit wird der Erhalt der Muttersprache im Ausland und die Weitergabe an den eigenen Nachwuchs zum Thema. Viele im Ausland verheiratete Frauen lesen ihren Kindern vor, hören gemeinsam Kassetten und schauen Filme. Nichtsdestotrotz ist zu beobachten, wie die Kinder auf dem Weg zur Schule, so wird ein Beispiel aus New York beschrieben, die ersten Blocks noch mit Mama Estnisch sprechen, aber zehn Minuten später dann doch ins Englische wechseln. Eine mit einem deutschen verheiratete Estin, die mittlerweile in die USA umgezogen ist, mußte sich von ihrem elfjährigen Sohn fragen lassen, warum er in einer

Sprache reden solle, die keiner seiner Freunde verstünde. Die Mutter antwortete ihm mit der Gegenfrage, wie er sonst mit seiner Großmutter kommunizieren wolle. Besonders schwierig wird es nach einhelliger Erfahrung, sobald die Kinder die Schule besuchen. Dann tritt die im Lande nicht gesprochene Muttersprache des einen Elternteils in den Hintergrund.

Das Rezept einiger Mütter dagegen ist, sich taub zu stellen. Ansonsten, so argumentieren sie, lernen die Kinder die Sprache nur passiv, verstehen sie, aber antworten doch in der anderen Sprache. Nicht immer ist dieses Vorgehen erfolgreich, weil manche Kinder darauf mit Trotz reagieren.

Aber manche Frauen berichten auch über innerfamiliäre Konflikte. Väter und Schwiegereltern fühlen sich mitunter ausgegrenzt, wenn Mutter und Kinder in ihrer Gegenwart in einer für sie unverständlichen Sprache kommunizieren. In manchen Familien ist der Gebrauch der Muttersprache der Mutter darum sogar verboten. Doch auch wenn es gelingt, die Muttersprache an die eigenen Kinder weiterzugeben, wird es in der dritten Generation zunehmend schwierig.

Traditionelles Denken und sowjetische Traditionen

Doch nicht alle Frauen können sich aus Patriotismus vorstellen, die Ehe mit einem Ausländer einzugehen und ihre Heimat zu verlassen. Einigen ist es vielleicht auch nicht gelungen, den entsprechenden Partner zu finden. So gab es gerade in den ersten Jahren nach dem Umbruch leider auch tragische Geschichten von Frauen, die ihr Geld in der Prostitution verdienten und sich dabei etwa mit AIDS infizierten. Sextourismus ist inzwischen vorwiegend im benachbarten Lettland ein Thema.

Neben den üblichen Gründen, sich diesem Risiko auszusetzen, wirkt hier ein vom Westen grundlegend abweichender Umgang mit Sexualität während der Sowjetzeit nach, der sich in der postsozialistischen Gesellschaft noch heute in einer über dem europäischen Durchschnitt liegenden Zahl von Abtreibungen wie auch im sozialen Profil der Patientinnen manifestiert. Während in westlichen Staaten die wenigstens Abtreibungen von Frauen gewünscht werden, die Familien haben und über 40 Jahre alt sind, sei es in Estland genau umgekehrt, so die Gynäkologin Kai Haldre. 71,4% der Frauen haben bereits wenigstens ein

Kind und für 60,3% ist es nicht die erste Abtreibung. Das durchschnittliche Alter der Frauen beträgt 28,3 Jahre. Sie verfügen zumeist die über eine dem deutschen Realschulabschluß vergleichbare teils auch berufsspezifische Mittelschulbildung. Der Anteil mit Hochschulbildung ist seit 2001 von 9,5 auf 14,3% gestiegen. Die Frauen sind zu 57% berufstätig und leben zu 57% in einer festen Beziehung oder sind verheiratet. Sehr viele Patienten wollten irgendwann später noch einmal Kinder, so Heldre und erklärt dieses Verhalten mit fehlendem Vertrauen in Verhütungsmittel.

Ursächlich für diese beinahe als Ignoranz gegenüber der eigenen Gesundheit zu bezeichnende Haltung wie auch die Abwesenheit im Westen regelmäßig diskutierter moralischer Bedenken ist die Sowjetzeit. Im Gegenteil zu vielen westlichen Ländern, wo Abtreibungen erst in den 70er Jahren legalisiert wurden, wurden Abtreibungen hier ähnlich wie in anderen sozialistischen Bruderstaaten nicht besonders eingeschränkt. Die Zugänglichkeit von Verhütungsmitteln war es hingegen wohl, entsprechende Präparate geradezu verboten, wie Haldre sich ausdrückt. In den postsozialistischen Ländern wurden sie erst in den 90er Jahren verbreitet. Auch eine Sexualerziehung auf westlichem Niveau fehlte in der Sowjetzeit.

So ist es für Haldre nicht Ungewöhnliches, wenn eine Patientin in ihrer Praxis angibt, ihre Mutter habe gesagt, daß Verhütungstabletten gesundheitsschädigender seien als eine Abtreibung. Noch verbreiteter sind zweifelhafte Verhütungsmethoden. So haben nach eigenen Angaben 57,4% der Patientinnen, die eine Abtreibung wünschten, zwar in irgendeiner Form zu verhütet versucht, von denen sich 34,9% nur auf die Unterbrechung des Beischlafes verließen.

Derart unsichere Methoden sind in Estland, wie Haldre bedauert ganz im Gegenteil zu den nordischen Ländern, mit denen Estlands politische Elite sich gerne assoziiert, um sich von Osteuropa oder dem postsozialistischen Raum zu distanzieren, verbreitet. Die Ärztin ist sich unsicher, was in den Praxen, aber auch in den Köpfen der Betroffenen vorgeht, wenn weniger als ein Viertel der Frauen vor und nach der Wunschäußerung, eine Abtreibung vorzunehmen, sich mit Verhütung beschäftigen.

Als Gründe für die Abtreibung geben 37,2% der Frauen wirtschaftliche Probleme an, 23% vertrauen der Zukunft ihrer Partnerschaften nicht, respektive 11,9% möchten kein Kind von dem biologischen Vater. 17% beklagen eine zu kleine Wohnung und 16% wollen ihre

Ausbildung erst beenden. Die Bereitschaft zur Erziehung fehlt 16,8% der Frauen und 11,1% sehen sich generell nicht als Mutter. 10,4% der Frauen möchten die Alleinerziehung vermeiden. 8% fühlen sich zu jung und ebenso viele berichten über einen entsprechenden Druck der Eltern. Ihre Arbeitsumstände sehen 5,7% als Problem, fehlende Unterstützung 3,5%, und 3,4% geben an, nicht genügend Zeit für ein Kind zu haben.
Die geographische Verteilung zeigt ein eindeutiges Bild. 2007 gab es auf 100 Geburten 101,2 Abtreibungen im nordöstlichen Landkreis Ida-Virumaa, wo vorwiegend russischstämmige Menschen leben und die wirtschaftliche Situation wenigstens als problematisch bezeichnet werden muß. 82,2 davon wurden auf Wunsch der Frau vorgenommen. Noch 1996, als die soziale Lage komplizierter war, kamen sogar 207,7 Abtreibungen auf 100 Geburten, davon 188,8 auf Wunsch der Frau. Der estnische Durchschnitt beträgt 70,5, davon 56,3 auf eigenen Wunsch. Der Unterschied zwischen Stadt und Land verschwindet, wenn auch die niedrigste Rate mit 28,8 auf der zweitgrößten Insel Hiiumaa verzeichnet wurde. Nichtsdestotrotz wurden 2007 mit 8.900 so wenig Abtreibungen verzeichnet wie nie vorher seit der Unabhängigkeit. 1992 waren es 25.803 in einem Land mit damals etwa 1,5 Millionen Einwohnern.

Zurück in die Zukunft?

Und es gibt noch eine dritte Gruppe. Frauen, die tatsächlich ins Ausland gezogen sind, dort eine Familie gegründet, sich später aber wieder von ihrem Partner getrennt haben. Je nachdem, an welchem Ort sich die Kinder zu diesem Zeiptunkt befinden, entwickeln sich die Konflikte über das Sorgerecht und den Aufenthaltsort des Kindes wie auch die Rechte des anderen Elternteils, so berichtet die Referentin für internationale Rechtshilfe des Justizministeriums, Marju Kern.
Mitunter eskaliert der Streit so weit, daß ein Kind sogar von einem Elternteil entführt wird. Kern berichtet von dem Fall eines Norwegers, der sein Kind von der in Pärnu lebenden einfach mit in die Heimat nahm. Während die Mutter ihren Ex-Partner der Vergewaltigung, des Kontrollwahns und noch schlimmerer Verbrechen beschuldigte, versuchte der Vater die glücklichen Lebensumstände des Kindes mit einem Video zu beweisen. Darüber berichteten die Medien in der Sendung Pealtnägija. Während sich die norwegischen Behörden hinter ihren Staatsbürger stellten, unterstützten die estnischen die Mutter. Nach

Kerns Aussagen hilft der Gang in die Öffentlichkeit überhaupt nicht, denn die Behörden im Ausland interessieren sich nicht für die Darstellung der Medien in Estland.

Wenn ein Kind in ein anderes Land gebracht wird, bevor sich die Eltern über das Sorgerecht geeinigt haben, dann wird per Gericht die Rückführung in das ursprüngliche Aufenthaltsland beschlossen, wo sich das dortige Gericht mit der Frage befaßt. So etwas kann, so Kern, zwei bis vier Jahre dauern. Sie empfiehlt deshalb, vor einem endgültigen Urteil das Kind eben nicht in ein anderes Land zu bringen, denn per Gerichtsbeschluß die Kinder von einem ins andere Land hin und her zu überführen, sei alles andere als eine angenehme Angelegenheit.

Da nach Kern allein die estnische Staatsbürgerschaft des Kindes als Grund nicht ausreicht, daß es künftig in Estland lebt, bedeutet im Klartext, daß juristisch gesehen die Hoffnung einer im Ausland lebenden Estin, nach der Trennung vom Partner mitsamt Kind in die Heimat zurückzukehren eher gering ist. Andererseits, so Kern, verliert im Laufe der Zeit und über Gerichtsprozesse mitunter auch ein Elternteil die Lust daran, diese Prozedur bis zum Ende auszufechten.

Unglaublich! Unfaßbare Lebensrealität oder Phantasie und Fake?

Die Erwähnung des Posts über estnische Frauen im Postsozialismus in diesem Blog im Emma-Forum führte zur Entdeckung eines Interviews mit einer jungen Prostituierten unter dem Titel „Nur eine dumme Frau hat Sex ohne Bezahlung, das die estnische Zeitung Eesti Ekspress bereits am 17. Juli dieses Jahres veröffentlichte.

Eesti Ekspress ist eine während Glasnost und Perestroika entstandene unabhängige Wochenzeitung, die zwar viele Arbeiten seriösen Journalismus publiziert, aber gleichzeitig auch ein Boulevardblatt ist.

Die Antworten des jungen Mädchens sind, wie der Titel bereits vermuten läßt, dermaßen haarsträubend, daß auch unter den Leserkommentaren das Wort „Fake" auftaucht und zahlreiche Zweifel angemeldet werden, ob sich diese nicht ein Journalist ausgedacht haben könnte.

Das Interview ist für eine komplette Übersetzung zu lang. Aber hier einige Kostproben dessen, was Jelena angeblich gesagt hat. So weit hier vulgäres Vokabular verwendet wird, handelt es sich um eine Übersetzung.

Die Beantwortung der Fragen, wann sie das erste Mal und unter welchen Umständen Geschlechtsverkehr hatte, möge im Original lesen, wer des Estnischen mächtig ist.

Jelenas Grundlebenseinstellung ist, daß Frauen nicht arbeiten müssen, sondern Männer sich um ihren Lebensunterhalt zu kümmern haben. Dafür bezahlen die Frauen: natürlich mit Sex. Und deshalb sei jede Frau eine Nutte.

Sex, erklärt Jelena, sei eine Sache, die für Männer gedacht ist, auf die Frage, ob sie je auch sexuelle Befriedigung erlebt habe. Manchmal verlangten die Kunden von ihr widerliche Dinge, aber alles sei eine Frage des Preises. Ältere Männer ab 40 lehnten Kondome ab, das sei auch kein Problem.

Damit drängt sich die Frage nach sexuell übertragbaren Krankheiten auf. Ja, solche habe sie schon gehabt, könne sich aber wegen der komplizierten langen Namen nicht mehr konkret erinnern. Einmal sei sie dumm genug gewesen, einem HIV-Test zuzustimmen, und so eine dicke, alte Tante habe ihr erklärt, sie sei infiziert, so Jelena.

Die Konsequenz? Sie werde eben jetzt nicht mehr zur Untersuchung gehen. HIV sei keine Krankheit, sie fühle sich absolute wohl und kenne andere Mädchen, die ebenfalls angeblich infiziert, aber in Wahrheit kerngesund seien. – Richtig, HIV ist auch keine Krankheit, sondern ein Erreger.

Wie ist es zu diesem Lebenswandel gekommen, daß Jelena noch nie einer Arbeit nachgegangen ist? Ihre Mutter habe auch nie gearbeitet, sondern als Prostituierte gearbeitet, aber jetzt sei sie alt. Hätte sie ihr früher Klienten zugeführt, kümmert jetzt mitunter sie sich um ihre Mutter, wenn Kunden ältere Frauen wünschen.

Wie stellt sie sich ihre Zukunft vor? Nur in den rosigsten Farben. Sie werde einen reichen und gut aussehenden Ausländer kennenlernen, einen Amerikaner und in die neue Welt übersiedeln. Dort lebten die Menschen in Villen.

Kinder wolle sie freilich nicht. Eine Tochter würde nur wieder eine Nutte, ein Sohn könnte immerhin Sportler oder Schauspieler werden.

Jelena ist angeblich JETZT 17 Jahre alt.

Typisch baltischer Männermangel

Vielfach behaupten in den baltischen Staaten Frauen, es gebe einfach zu wenig Männer. In Lettland „kolumnierte" Dace Rukšāne darüber bereits 2004 und die lettischen Realitäten wurden vom Autor bereits beschrieben.

Nun kommt die estnische Presse mit einer vergleichbaren Behauptung, nämlich daß trotz einer höheren Geburtenzahl von Jungs ab dem Alter von 35 die Frauen in ihrem Jahrgang die Mehrheit bilden. Die emeritierte Professorin der Universität Tartu Ene-Margit Tiit bestätigt, daß in Estland ähnlich wie in den anderen entwickelten Ländern mehr Jungs geboren werden als Mädchen und die Sterblichkeit des männlichen Geschlechts etwas höher sei.

Und so zeigte die Statistik 2009, daß bis zum Alter von neun Jahren 2.474 mehr Jungen als Mädchen in Estland lebten. Im Alter von 35 aber sind es bereits 1.000 Männer weniger als Frauen. Und dieser Trend setzt sich bis zum Lebensalter von 70 Jahren fort bis auf ein Minus von 18.000 Männern.

Normalerweise, so die emeritierte Professorin, müßte sich der Überschuß der Jungen bei der Geburt bis ins mittlere Lebensalter ausgleichen wie in anderen Ländern der Fall. In Estland sei dies aber eben nicht so. Während die mittlere Lebenserwartung der Geschlechter sich im Westen um rund sechs Jahre unterscheide, betrage der Unterschied in Estland elf Jahre.

Verantwortlich dafür sind nach Meinung von Tiit neben biologischen Gründen auch typische Arbeitskrankheiten wie Krebs und Herzinfarkte. Die Wissenschaftlerin kann jedoch nicht bestätigen, daß Männer einfach mehr, sich also buchstäblich zu Tode arbeiteten. Auch Frauen arbeiteten in Estland sehr viel. Eine Verringerung der mittleren Lebenserwartung sei typisch für Transformationsgesellschaften wie Estland. Möglicherweise seien die Frauen eher fähig, sich an die neuen Umstände anzupassen.

An der Universität wurde weiter festgestellt, daß ein Mann, der erst einmal das Alter von 60 erreicht hat, durchschnittlich bis zum Alter von 77 lebt. Gleichzeitig stürben bereits viele Männer im Alter zwischen 30 und 50 nicht nur wegen Krankheiten, sondern in Folge ihres Lebenswandels.

Warum Frauen generell durchschnittlich länger lebten, sei eine schwierige Frage, meinen die Wissenschaftler. Möglicherweise sei dafür ursächlich, daß Schwangerschaften nur die stärkeren Frauen überlebten und so deren Gene sich deutlich häufiger weiter vererbten. Nichtsdestotrotz sind die Wissenschaftler der Universität Tartu überzeugt, daß soziale Gründe eine wichtigere Rolle spielen. So sei erkennbar, daß die Lebenserwartung mit dem Bildungsgrad steige.

Der ganz andere Meri

Lennart Meri ist auch außerhalb Estland nicht unbekannt. Der Schriftsteller wurde während der Umbruchzeit Außenminister und war von 1992 bis 2001 Präsident. Der 1929 geborene Meri starb 2006.

Ein Cousin, Sohn des Onkels des früheren Präsidenten, Arnold Meri, hingegen muß sich 88jährig derzeit juristisch für seine Vergangenheit verantworten. Während Lennart Meri ein Gegner der Sowjets war, machte Arnold Meri Karriere. Wegen seines Einsatzes im Zweiten Weltkrieg dufte er sich seit 1941 Held der Sowjetunion nennen, erhielt 1948 den Leninorden und wurde 1961 stellvertretender Bildungsminister der estnischen sozialistischen Sowjetrepublik. Daß er den Siegestag noch 2002 mit Vladimir Putin gemeinsam in Moskau feierte, stieß in Estland nicht auf Verständnis.

Vor dem Landgericht Pärnu wird nun der Vorwurf des Genozides verhandelt, doch Meri versucht, dem Prozeß wegen seines angeschlagenen Gesundheitszustandes zu entgehen. Während Richter Mart Reino die Ergebnisse der jüngsten Expertise nicht offenlegen möchte, behaupten Meri und sein Anwalt Sven Sillar, noch keine Kenntnisse des jüngsten Berichtes zu haben. Arnold Meri erklärt jedoch, es ginge ihm noch schlechter als vorher, was ihn aber einstweilen nicht weiter störe.

Reino hatte den Prozeß im Mai für die Zeit der Untersuchung Meris unterbrochen, denn die letzte Expertenmeinung liegt bereits viereinhalb Jahre zurück und in dieser Zeit, so der Richter, könne sich selbstverständlich der Gesundheitszustand eines Menschen ändern. Nach Angaben des Anwalt leidet Meri an Lungenkrebs und sein Arzt habe von weiten Reisen abgeraten.

Bei der Eröffnung des Prozesses in Kärdla auf der Insel Hiiumaa hatte Meri sich für nicht schuldig befunden. Vorgeworfen wird ihm, als damaliger erster Sekretär des Zentralkomitees der leninistisch-kommunistischen Jugend 1949 die Deportation von 251 Einwohnern der Insel in die Oblast Novosibirsk in Sibirien organisiert zu haben. Unterwegs starben elf der 13 über 75 Jahre alten Personen. 16 waren noch nicht 18 Jahre alt.

Die damaligen Deportationen von insgesamt über 20.000 Menschen aus Estland betrafen vorwiegend Frauen und Kinder, bewußt, denn bestraft werden sollten die Verwandten von Männern, die sich als Partisanen in den Wäldern versteckt hielten oder ins Ausland geflohen waren.

Meri behauptet, die Deportationen seinen von Moskau so minuziös geplant worden, daß jemand seines geringen Ranges dort nichts hätte beeinflussen können. Er sei zuständig gewesen für die Kontrolle der Vorschriften, wieviel persönliche Gegenstände die Betroffenen mitnehmen durften. Vor Ort habe er Verstöße festgestellt und gegen diese per Telegramm nach Tallinn protestiert. Doch dieses Dokument ist heute in den Archiven nicht zu finden.

Der alte Mann wirft nun der heutigen politischen Elite vor, das Thema immer wieder auszugraben, wenn er sich öffentlich kritisch äußere. Die erste Befragung habe bereits 1995 stattgefunden, also immerhin zwölf Jahre vor Prozeßbeginn. Beobachter vermuten ebenfalls, daß möglicherweise Meris Kritik an der Versetzung des Bronzesoldaten im vergangenen Jahr in Wahrheit Auslöser der Anklage sei. Die Behörden jedoch entgegnen, daß nach und nach die Geschichte in allen Regionen Estland untersucht würden und sich ebenfalls gegen Kollaborateure der Nazis richteten. Diese aber hatte bereits die Sowjetunion zur Rechenschaft gezogen.

Die Deportationen von 1949 sind lange her. Die handvoll alter Männer, die für ihre Taten in unteren Rängen während der vergangenen Jahre angeklagt worden waren, hatten auch das Mitleid eines Teils der Bevölkerung. Anders ist dies bei Arnold Meri. Eine Verurteilung würde sicher neuerlich zu Wortgefechten mit Moskau führen. Das verlangte Strafmaß ist lebenslänglich.

Der bekannte Unbekannte: Jaan Kross

Grundlage dieses Beitrages ist ein Gespräch, das ich mit Jaan Kross Ende der 90 Jahre in seiner Wohnung in der Altstadt von Tallinn führte. Kross sprach zwar fließend deutsch, trotzdem führten wir das Gespräch vorwiegend auf Estnisch. Den Text habe ich erst jetzt überarbeitet, da Kross mir damals wohl angesichts häufiger Journalistenanfragen eher gelangweilt antwortete.

Nun ist der estnische Schriftsteller Jaan Kross nach den Weihnachtsfeiertagen gestorben. Sein Name stand seit Jahren auf der „Liste" des Nobelkomitees. Den Preis hat der lebendige Erzähler historischer Werke jedoch nie erhalten. Dafür ist er der meistübersetzte Schriftsteller Estlands von dem auch zahlreiche Werke in deutscher Sprache erschienen sind.

Der Weg zum meistgelesenen Erzähler der estnischen Historie war verschlungen. Jaan Kross hatte noch vor dem Kriege begonnen, Jura zu studieren. Das Völkerrecht war sein Schwerpunkt, worüber er sich zu promovieren anschickte, als zunächst die Sowjets 1940, dann die Deutschen 1941 und schließlich wieder die Sowjets 1944 sein Vaterland besetzten. Die Deutschen schon warfen den Esten ins Gefängnis, nur weil er Freunde hatte, die so etwas wie eine „Estnische Résistance" waren. „Ich war für eine estnische Zukunft ohne Deutsche und ohne Russen".

Doch die Inhaftierung dauerte nicht lange. „Die Gefängnisoffiziellen hatten das Gefühl, für sich selbst etwas gutes zu tun. So wurden wir ohne Papiere entlassen". Doch das Glück der wiedergewonnenen Freiheit währte nicht lange. Die Sowjets waren weniger zimperlich. So wurde Kross 1946 nach Sibirien deportiert, wo er mehr als acht Jahre blieb.

Schon vorher hatte Kross mit Übersetzungen begonnen. Marie-Antoinette von Stefan Zweig, erinnert er sich, sei das erste gewesen, das in den Kriegswirren jedoch verloren ging. Kross hat schon von Kindesbeinen an Deutsch gelernt an einem vielsprachigen Ort wie Estland. Französisch und Englisch kamen in der Schule hinzu, Schwedisch dank Privatstunden und Russisch im Lager.

Als Kross aus dem Lager zurückkehrte, war ihm klar: „Ich mußte etwas anderes machen, es war eindeutig, daß zumindest in Osteuropa das Völkerrecht eine Kunst für den Mülleimer war." Dann kam ein alter Freund auf ihn zu und bot ihm die Mitwirkung an einer Übersetzung Heinrich Heines an, die kurz darauf erscheinen sollte.

Anschließend verstarb 1956 Bertold Brecht und auch da half er einem Bekannten aus, der einen Artikel zu schreiben hatte und zeitlich überfordert war, auch die Gedichte zu übersetzen. Später kamen noch weitere Auftragsarbeiten hinzu, aber Kross nahm sich auch an-

deren Texten an, die er sich selbst aussuchte, „was mir gefällt, was ich gerade gelesen habe". In den letzten Jahren hat Kross allerdings nicht mehr übersetzt.
In den 50er Jahren hatte Jaan Kross mit Gedichten begonnen, die vor allem wegen ihres innovativen Charakters für Aufmerksamkeit und einen gewissen Erfolg sorgten. „Viele fangen mit Versen an und wechseln dann zur Prosa", sagt Kross als Erklärung, warum er die Sparte gewechselt habe. Man müsse den Menschen etwas sagen, doch er habe den Kern, um den sich alles dreht, nicht gefunden. Auch die Menschen veränderten sich. Schließlich habe es in den 50er Jahren unter Chrutschschows „Tauwetter" etwas mehr Freiheit gegeben. Anschließend herrschte jedoch wieder „Eiszeit". Zeit, das Feld zu wechseln.
Nach der Abwendung von Übersetzungen und Lyrik arbeitete Kross vorwiegend an historischen Romanen. Für ein kleines Volk wie die Esten hat die Geschichte große Bedeutung, zumal in der Sowjetzeit nur bedingt an die Wahrheit zu gelangen war. Kross setzte sich ins Archiv, redete mit vielen Menschen und schrieb schließlich über Dinge, die 200 oder noch mehr Jahre zurücklagen. „Das hat die Zensur nicht so interessiert." Andererseits ist man sich auch in Estland einig, daß vielfach auf diesem Wege Dinge auszusprechen waren, die ansonsten in einem in der Gegenwart spielenden Roman nicht hätten gesagt werden könne. Kross: „Sicher habe ich auch Glück mit Zensoren gehabt, die ein Auge zugedrückt haben." Schließlich sind die Bücher auf Deutsch bereits in der DDR erschienen.
1992 folgte Kross dem Ruf in die Politik als Parteiloser Abgeordneter der Wahlunion „Moderate" (der Vorgänger der heutigen Sozialdemokraten des Präsidenten Toomas Hendrik Ilves, die bei ihren Beteiligungen an konservativ-liberalen Regierungen ihrem Namen nur bedingt entsprechen). Als aktiver Bürger an der Politik teilzunehmen hatte damals eine große Bedeutung. Viele Künstler und Intellektuelle wechselten in den postsozialistischen Staaten wenigstens zeitweilig das Geschäft. Kross zitiert die Worte eines Musikerkollegen, der sich der Presse gegenüber zu rechtfertigen hatte, daß es „das erste Mal sei, daß man in die Politik gehen könne, ohne sich dabei schmutzig zumachen." Einen Umstand, den die Mehrheit der Bevölkerung ganz gewiß anders sieht. Doch Kross war neugierig darauf, wie das funktioniert.
Nach einem Jahr hatte er genug und trat zurück. Das wiederum stellte sich als schwierig heraus, denn die Vorschriften des Parlamentes Riigikogu sahen einen solchen Fall nicht

vor. Nur Krankheit zählte als Grund für einen vorzeitigen Rückzug. Kross als ältester Abgeordneter meinte: „Alter ist auch ein Krankheit". In Wahrheit war der Drang zur Arbeit am Schreibtisch die treibende Feder. Schreiben war Kross doch wichtiger. Die Moderaten hätten gern gesehen, wenn Kross als Präsident kandidiert hätte, so wie es sein Schriftstellerkollege Lennart Meri tat. Doch Kross lehnte das Angebot dankend ab. Kross' Urteil über die Politik: Ziemlich normal und nicht unmoralischer als die durchschnittliche Menschheit. Gewiß habe er diese Meinung an die Bevölkerung weitergeleitet, doch das hat offensichtlich keinen Einfluß auf die allgemeine Meinung gehabt.

Was die ständige Erwähnung seines Namens im Zusammenhang mit dem Nobelpreis betrifft, gibt sich der Schriftsteller gelassen. Er habe sich daran gewöhnt, betrachte die Frage nicht als das Wesentliche. Dennoch, für Estland meint er, sei das doch sehr wichtig. In jedem Fall hat er sich schon über die ganze Prozedur in einem Roman amüsiert. Darin geht es um einen gewissen Mertens, der zu Beginn des Jahrhunderts ebenfalls angeblich den Nobelpreis erhalten sollte, eine Falschmeldung die Runde machte, und sogar sehr viel später in einem amerikanischen Lexikon sein Name in der Liste der Preisträger auftauchte, obwohl sich das Komitee letztlich anders entschieden hatte.

„Ich habe im Leben immer Menschen getroffen, die mir halfen"

Aleksandra Smirnoffs Lebensgeschichte ist ein Spiegel der jüngsten estnischen Geschichte

Aleksandra Smirnoff hat einen Arbeitsplatz, den es in Deutschland gar nicht gäbe. Regelmäßig wacht sie von acht bis acht am Eingang eines Tallinner Studentenwohnheims darüber, wer aus und eingeht. Ihren vollverglasten Arbeitsplatz nennt sie neckisch „das Aquarium". Wäre sie nach dem zweiten Weltkrieg in den Westen geflohen wie viele ihrer Landsleute, könnte sie heute die wohlverdiente Pension genießen. In Estland hingegen ist eine Rente von 100 Mark trotz Hochschulbildung keine Seltenheit, und das ist auch in Tallinn sehr wenig Geld.

„Wenn ich das früher gewußt hätte, wäre ich vielleicht sogar bei den olympischen Spielen gelandet", sagt die erfolgreiche Sportlerin und Tänzerin und spricht von der Atemtechnik, die sie beim Yoga gelernt hat. Drei mal in der Woche besucht sie die Stunden und ist stolz, welche gymnastischen Übungen sie in ihrem Alter noch machen kann. Die zierliche Dame ist aber nicht nur äußerlich eine auffallende Erscheinung. Trotz ihrer schwierigen Lage ist sie alles andere als verbittert und im Gegenteil zu vielen ihrer Kollegen hat sie immer ein freundliches Wort übrig. Das wissen auch die Studenten. Überdies verfügt Aleksandra Smirnoff über einen schier unerschöpflichen Schatz an Geschichte und Geschichten.

Großbürgerlichen Familie

Ihr Großvater wanderte erst 1900 aus Rußland ins damals zum zaristischen Imperium gehörende Estland ein. Hier wurde er mit einer simplen Idee reich. Damals gab es im Baltikum noch keine südländischen Früchte. Der Mann importierte sie. Als der Großvater 1935 starb, erinnert sich Aleksandra, hieß es, sein Vermögen sei so groß wie das der bekanntesten Schokoladenfabrik des Landes.

Der Großvater hatte noch kurz vor seinem Tode versucht, das Vermögen nur dem Bruder von Smirnoffs Vater zu hinterlassen, doch dieser letzte Wille kam nicht zum Zuge und wäre nach damaligem estnischen Recht auch wohl nicht erlaubt gewesen. Die Familie konnte sich also ein Leben in großbürgerlichen Verhältnissen mit großer Wohnung im Stadtzentrum von Tallinn erlauben.

Die Eltern achteten auf Niveau. Für die Kinder gab es eine deutsche Gouvernante, von der Aleksandra das Deutsche lernte. „Meine Schwester und ich haben diese strenge Frau gehaßt. Wir mußten mit Büchern unter den Achseln essen, damit die Arme in der richtigen Haltung waren. Und wir bekamen ein Lineal hinter den Rücken geklemmt, damit wir keinen Buckel machten." Heute ist Aleksandra dankbar für das Stück Kultur, das sie auf diesem Wege mitbekommen hat.

Doch das Glück währte nicht lange. „Mein Vater war ein schwacher Mann. Obwohl intelligent verkam er zum Trinker", erinnert sich die Rentnerin. Die Mutter trennte sich von ihm noch vor dem Zweiten Weltkrieg.

Vermögend ohne Vermögen

Auf der Bank hatte ihr Großvater seinerzeit für die beiden erstgeborenen Enkelinnen eine Million estnische Kronen angelegt - damals eine konvertierbare Währung, heute eine unvorstellbar große Summe Geld. „Eine Krone von damals sind heute 160", sagt Smirnoff, das wären 20 Millionen Mark. Jahrelang war die rüstige Dame davon überzeugt, die einzige noch lebende Person der Familie zu sein. Doch an das Geld im Ausland war während der langen Sowjetjahre nicht zu kommen. Schwierigkeiten bei der Suche in den Archiven, wo die Akten fehlten, unsortiert waren oder die Archivare ihr vielleicht einfach nicht helfen wollten, ließen sie nach der Unabhängigkeit 1991 aufgeben, das Vorhaben schien unrealistisch.

Anders verhielt es sich mit dem Immobilienbesitz. 1991 und 1992 verlangte es die Gesetzgebung der neuen Regierung, innerhalb kurzer Zeit Rückforderungsanträge einzureichen. Da tauchte plötzlich die angebliche Tochter einer Tante auf, die Anspruch auf neun Zehntel der Häuser erhob. Da diese Gebäude im Krieg zerstört wurden, stellvertretend auf den Grund und Boden im Zentrum der estnischen Hauptstadt.

Nach dem Bericht der Rentnerin, waren die Papiere offensichtlich gefälscht, zusätzliche Blätter hatte jemand in ein Amtbuch geheftet und damit nicht zuletzt die Reihenfolge der handschriftlichen Einträge durcheinandergebracht. Die Absicht war unschwer zu erkennen, doch das wollte das Gericht nicht einsehen. Die entscheidende Sitzung wurde während der Verhandlung kurz unterbrochen und anschließend die Existenz eines Hinweises auf Fälschung geleugnet.

Nicht enden wollender Kampf

Smirnoff sprach mit der vorgeblichen Verwandten, zeigte ihr Fotos, doch die Frau konnte niemanden erkennen. „Das kann doch nicht sein", meint die Rentnerin, gab ihren Kampf jedoch nicht auf, obwohl wie sie sagt auch einige ihrer Anwälte sich um ihr Anliegen nicht wirklich kümmerten. Aleksandra tippt deshalb auf hochgestellte Hintermänner. Doch sagt sie: „Die dachten nicht, daß hinter dem zweiten Namen, dem das letzte Zehntel gehört, die gleiche Familie steht."

Die Behörden fordern jedoch die Vorlage einer Todesurkunde der vor dem Kriege mit einem Polen verheiratet über Schweden nach Kanada auswanderten Tante, deren Anspruch vor dem ihren berücksichtigt werden müßte. Die betagte Dame, so wendet Aleksandra Smirnoff ein, müßte nicht nur inzwischen 94 Jahre als sein, die Verwandte hat in der vorgegebenen Frist keine Erstattung beantragt. Die Forderung sei folglich absurd. Dennoch hofft Smirnoff, auf diese Weise letztlich an das ihr zustehende Vermögen zu kommen.

Doch sie braucht Geld, um die Anwälte zu bezahlen, und das hat sie nicht. Ohne Hilfe wird es also nicht gehen. Im Studentenwohnheim verdient sie gerade einmal 500 Kronen im Monat, das sind 60 Mark. Dafür muß sie gewöhnlich etwa zweimal in der Woche eine Schicht hinter sich bringen. Und das bedeutet acht Stunden lang von morgens bis abends das Knallen der einen und das Quietschen der anderen Tür zwischen denen sie sitzt zu ertragen. Mit viel Geduld nimmt sie die Unterbrechungen des Gesprächs hin. Jeder Besucher muß sich nämlich anmelden, ein Dokument hinterlegen und schriftlich niederlegen lassen, wen er besucht.

Schicksalsschläge

1940 marschierten dann die Sowjets ein, es folgte der Zweiten Weltkrieg und die deutschen Besatzung. Doch mit dem Abzug von Hitlers Truppen kehrte 1944 auch die Rote Armee zurück. Die Sowjets begannen sofort wieder wie 1940, Menschen nach Sibirien zu deportieren.

Eines Tages im Jahre 1947, zerstörten die Stalinisten auch Aleksandras Familie ohne Vorwarnung. Sie räumten die Wohnung aus, verschleppten die Mutter und ließen das 14jährige Mädel mit ihren vier Geschwistern zwischen 18 und anderthalb in leeren Räumen allein zurück. Eine Katastrophe, die die Kinder gar nicht verstehen konnten.

Die Mutter wurde zunächst unweit des Dombergs hinter der Altstadt festgehalten. Es gelang ihr, von dort einen Brief an die Kinder herauszuschmuggeln, sie zu einem bestimmten Zeitpunkt an ein bestimmtes Kellerfenster zu bitten. Ein kooperativer Wächter sorgte dafür, daß die Soldaten ihre Runde nicht gerade in diesem Moment drehten und die Kinder entdeckten.

„Meine Mutter war eine starke Frau, sie hat nicht geweint, nur wir haben geweint", erzählt Aleksandra mit stockender Stimme und die Tränen stehen ihr in den Augen. Die Mutter sprach zu ihren Kindern, daß sie sich nicht auseinanderreißen lassen dürften, sondern zusammenhalten müßten.

„Starkes Mädchen"

In der folgenden Zeit hatten Aleksandra und ihre Geschwister kaum etwas zum Essen, die Unterkunft ließ sich nur mit Stroh in eine Schlafstätte verwandeln. Die Verwandten hatten ebenfalls Angst, die Kinder aufzunehmen und dadurch in nicht näher definierbaren Verdacht zu geraten. So ließ sich der Ratschlag der Mutter leider nicht komplett befolgen. Die älteste Schwester heiratete bald darauf und ging nach russisch Karelien, während die drei kleinen Geschwister schließlich einen Platz im Kinderheim fanden.

Nur Aleksandra blieb ganz allein auf sich gestellt und versuchte, ihre gute Erziehung in Verdienst umzumünzen. Doch wer brauchte in diesen Zeiten schon eine Haushaltshilfe? Nachdem sie eine Weile bei einer Tante gewohnt hatte, wurde sie vor die Tür gesetzt und fand mit Glück eine nette Anwaltsgattin, deren Mann ebenfalls in Sibirien war. In der Schule brachte sie derweil hervorragende Leistungen. „Ich hatte ein fotografischen Gedächtnisses und mußte überhaupt nicht lernen."

Kurz darauf ging sie zur Sprechstunde eines der Parteibosse, um die Freilassung ihrer Mutter zu erwirken. Die Anwaltsfrau hatte sie auf die Unterredung vorbereitet. „Ich war stark", erinnert sich Aleksandra Smirnoff, „doch gegen eines konnte ich nichts machen. Ich war nicht gewohnt, daß mich jemand freundliche behandelt und mir übers Haar streicht." Der kommunistische Funktionär reagierte unerwartet. „Ich konnte kaum über den riesigen Schreibtisch schauen, versank fast in dem Sessel. Der Herr kam hinter dem Tisch hervor, setzte sich mir gegenüber und fragte, na was ist denn los mein Kind?" Und während Aleksandra Smirnoff sich an diesen Tag erinnern, stehen ihr wieder die Tränen in den Augen.

Den Gefühlen war nun Tür und Tor geöffnet. Das Mädchen vergaß die vorbereitete Rede: „Glauben sie mir, meine Mutter ist nicht schlecht", sagte sie nur und weinte. Nachdem sie sich wieder ein wenig beruhigt hatte, versprach der Mann, daß sie innerhalb von zwei Wochen eine Antwort erhalten werde. Und die gab es dann auch, die Mutter kam frei.

Doch zunächst dauerte es noch Monate, bis der Befehl in Sibirien angekommen und die Frau von Krankheit ganz entstellt, mit 15 Liter Wasser im Körper, nach Estland zurückgekehrt war. „Meine Mutter hatte nicht mehr ihr Gesicht, ich habe sie nicht erkannt", erinnert sich die Rentnerin heute noch. Erst als sie Aleksandra beim Namen nannte, erkannte die Tochter ihre Mutter an der Stimme.

Große Hilfe in großer Not

Vorher mußte Aleksandra jedoch weiterleben, zunächst bei einer älteren Dame, mit der sie zusammen irgendwo in einem Keller hauste. Als die Frau kurz darauf unerwartet in der Nacht starb, war das junge Mädchen furchtbar erschrocken. In Panik stürzte sie aus dem Haus und lief wie in Trance in der Stadt herum. Ihre Füße trugen sie ausgerechnet zu jenem Gebäude, wo damals ihre Mutter festgehalten worden war.

Dort wurde sie von einem russischen Soldaten aufgegriffen. „Mädchen, was machst denn Du hier", fragte er, doch sie konnte gar nicht antworten, so verstört war sie. Der Mann nahm sie mit nach Hause. Wie sich später herausstellte, handelte es sich um den Vater einer Klassenkameradin, der sie vorher schon einmal tanzen sehen und deshalb wiedererkannt hatte. Aleksandra erinnert sich noch heute an das folgende nächtliche Bad. „Ich war ja ganz schmutzig und hatte seit langer Zeit kein Bad mehr gesehen." Aleksandra mußte das Haus dieser Familie nicht mehr verlassen, man nahm sie auf wie eine Tochter.

„Ich bin so froh, daß ich im Leben immer Menschen getroffen habe, die mir halfen. Ich hatte einfach Glück", resümiert die Rentnerin. Aber sie erinnert sich auch an zweifelhafte Angebote, wie das eines wohlhabenden 70jährigen, der dem 18jährigen Mädel die Heirat mit den Worten „komm und verschönere mein Haus" anbot. Trotz der Aussicht auf ein großes Erbe lehnte sie ab. Statt diese rettende Hand zu ergreifen, durchlebte sie weitere dramatische Zeiten.

Am Tag als ihre Mutter zurückkam, sollte auch der Abschlußballs in der Schule stattfinden. Zum Fest wollte sie erst gar nicht gehen, weil sie nichts passendes zum anziehen hatte, welches Drama für ein Mädel, das es bis zum estnischen Tanzmeister brachte. „Als ich dann am Morgen aufstand, schien die Sonne hell ins Zimmer und auf meinem Stuhl lag ein wunderschönes Kleid mit einem Paar Lackschuhen", erzählt Aleksandra Smirnoff noch nach Jahrzehnten gerührt. Ihre Klasse hatte für sie gesammelt und einen Zettel beigelegt, auf dem vom Glauben an die Freundschaft die Rede war.

Doch der nächste Schlag ließ nicht lange auf sich warten. Bei einem Sportunfall verletzte sie sich das Bein. „Ich lag im Krankenhaus, konnte nicht einmal aufstehen", die nächste Katastrophe für die passionierte Tänzerin. In einer Kurzschlußhandlung versuchte sie sich das Leben zu nehmen, indem sie ein Handtuch um das Bettgestell und ihren Hals wickelte und zuzog. Doch genau in diesem Moment kam ein Arzt herein, selbst bucklig, und erklärte, daß sie das nicht tun dürfe. Er nahm sich ihrer an, arbeitete viel mit ihr und begleitete sie sogar nach der Genesung zum ersten Wettkampf in Moskau. „Als dort alles gut ging, sagte er zu mir: Jetzt brauchst du mich nicht mehr". Aus dem jungen Mädchen war inzwischen eine Frau geworden.

Karriere und Familie

„An mir ist ein Arzt verloren gegangen", pflegt Aleksandra Smirnoff zu sagen. Doch zum Medizinstudium fehlten in ihrer Jugend die Möglichkeiten, so wurde sie Ingenieur und – auf eigenen Wunsch – von den Behörden der Sowjetunion fern der Heimat zunächst in Simferopol auf der Krim beschäftigt. Schnell stieg sie zur Laborleiterin auf und wachte über die Produktion von 14 Baumaterialfabriken.

Hier lernte sie auch ihren Mann kennen, einen Sportler und neunmaligen UdSSR-Meister, der immerhin 15 Jahre älter war als sie. „Er sah zwar nicht gut aus, aber er war ein lustiger Mann", berichtet Aleksandra. Als sie wegen der Krankheit ihrer Tochter schon lange wieder in Estland lebte, schickte er ihr Telegramme mit Berichten von schweren Unfällen, damit sie ihn besuchte. Sie fand ihren Mann jedesmal gesund vor. „Mit einem Lächeln entschuldigte er sich dann und sagte, ich habe dich so vermißt." Als er 1976 an einem plötzlichen Herzinfarkt starb, hielt sie das Telegramm wieder erst für einen Scherz, weil es mit „Gott" unterschrieben war. „Ich dachte, jetzt fällt ihm nichts anderes mehr ein, als sein eigener Tod", erinnert sich Aleksandra. Doch dann machte ihre Tochter sie auf den offiziellen Charakter des Dokuments aufmerksam und sie begriff, was passiert war.

Der Tochter wegen war sie in die Heimat zurückgekehrt. Das Kind wäre beinahe schon im zarten Alter von anderthalb Jahren gestorben, weil es unter der Abwesenheit der Mutter litt und nicht aß. In Estland kümmerte sich die Großmutter um das Kleinkind. „Früher gab es noch eine umfassende Ausbildung in der Schule", sagt die Rentnerin bestimmt und lobt das können ihrer Mutter. „Sie war besser gebildet als manche russischen Ärzte. Sie konnte sehr viel. Meine Tochter hat sie mit Muskatwein geheilt."

Smirnoff leitete in den folgenden Jahren mehrere Betriebe nicht nur in Estland. Dabei war sie so erfolgreich, daß sie zwischenzeitlich in die Leningrader Oblast geschickt wurde, wo 2.000 Strafgefangenen eine Fabrik bauen sollten. Probleme mit dem Herzen zwangen sie einige Jahre später zum aufgeben der nervenaufreibenden Leitungsfunktion. Sie wechselte nach Tallinn an ein Institut, wo sie hoffte, endlich doch noch ihren Magister zu schrieben und die eigentlich angestrebte wissenschaftliche Arbeit zu machen. Aber prompt wurde sie auch hier wieder zur Leiterin einer Abteilung und später Hauptingenieurin befördert. Dem Betrieb blieb sie jedoch 18 Jahre lang bis zur Pension treu. Das war 1988 und schon damals gab es gerade einmal 162 Rubel. „Bildung bedeutete in der Sowjetunion nichts", stellt Smirnoff fest.

Bildung und Herkunft unterscheiden Aleksandra Smirnoff heute von ihren Kollegen im „Aquarium" des Studentenwohnheims. Doch an aufhören ist nicht zu denken, die schweren Rückschläge wirken bis heute nach. „Dank Yoga kann ich mich vor der negativen Energie anderer schützen", sagt Aleksandra. Und es ist erstaunlich, wieviel Positives sie den Menschen zu geben vermag. „Ein Danke würde manchmal schon genügen", erklärt sie der Studentin, die sich in der siebten Etage versehentlich ausgesperrt hat und nun - vielleicht wirklich ein wenig zu selbstverständlich - nach Hilfe fragt. Aber das junge Mädchen kann schließlich nicht wissen, welche Geschichten hier gerade erzählt wurden.

Keine Zukunft für ratternde Zugromatik

Der „Balti Ekspress" von Tallinn nach Warschau fährt mit Verlust

Tallinn, - Seit mehr als drei Jahren verkehrt der „Balti Ekspress" der estnischen Eisenbahn zwischen Tallinn und Warschau. Für passionierte Zugliebhaber ein echtes Erlebnis. Obwohl der „Balti" seit der Streichung sämtlicher anderen Züge als letzter die drei baltischen Staaten durchquert, droht auch dieser Verbindung ständig das aus.

„Zug fahren ist doch viel schöner", meint Lehrer Hartmut Rüss aus Versmold in Westfalen. Und für seine Schüler ist die Zugreise tatsächlich ein Abenteuer. Sie sind ganz aus dem Häuschen und rennen auf dem Gang des polnischen Waggons hin und her, weil angeblich jemand aus dem Zug gesprungen ist. Wie unspektakulär wäre doch dagegen ein Flug gewesen.

Möglich wäre die überstürzte Flucht eines Schmugglers schon. Der „Balti Ekspress" von Warschau nach Tallinn befindet sich gerade auf dem Weg von Białystok nach Suwałki im Nordosten Polens. Die Schienen sind hier nicht zusammengeschweißt und der Zug rattert

deshalb nur langsam durch die Landschaft. Vielleicht haben die Jugendlichen aber auch zuviel Phantasie, denn die Grenze zu Litauen liegt doch noch ein gutes Stück vor uns.
Im Mai 1994 fuhr der „Balti" das erste Mal. Bis Herbst 1997 bedienten zwei Züge mit je zwei sogenannten Brigaden einmal täglich in beiden Richtungen die Strecke zwischen Tallinn und Warschau, erklärt Sigurd Sepp von der estnischen Eisenbahn. Von der Hauptstadt Estlands bis Šeštokai im Süden Litauens sind auf den Schienen des breiteren russischen Standards alte sowjetische Waggons der estnischen Staatsbahnen unterwegs. In dem kleinen litauischen Bahnhof heißt es dann umsteigen in den bereitstehenden Anschlußzug der polnischen Bahn nach Warschau. Diese Methode wurde als Alternative zu der umständlichen Montage kompatiblen Räderwerks ausgedacht, wie es in Weißrußland praktiziert wird. Das dauert aber bis zu drei Stunden.
An der Grenze zum Baltikum wird es für die deutschen Schüler spannend. Im Schneckentempo kriecht der Zug bis kurz vor einen Zaun, der Polen und Litauen voneinander trennt - ein sowjetisches Erbe? Keiner weiß es so genau. Wie in Großvaters Zeiten wird ein Tor von Hand geöffnet, der Zug fährt durch und der Wachposten macht die Lücke anschließend wieder dicht. Das ganze Szenario erinnert ein wenig an die innerdeutsche Grenze. Kurz darauf geraten die 16jährigen wieder in große Aufregung, der Name des Litauischen Grenzortes „Mockava" ähnelt doch zu sehr dem der Hauptstadt Rußlands.
Der größte Teil des estnischen Eisenbahnnetzes ist in den letzten Jahren privatisiert worden. Den staatlichen Bahnen bleiben nur die dank der im Baltikum beheimateten Russen immer gut ausgelasteten Strecken nach St. Petersburg und Moskau und daneben eben noch der „Balti Ekspress". Doch auch das ist für die liberale Regierung Estlands nur eine Übergangsverwaltung.
Die Zugreisezeiten sind im Vergleich mit einer Busfahrt zu lang, die Fahrkartenpreis nicht konkurrenzfähig. Ab Šeštokai zwingt der noch schlechtere Zustand des Gleiskörpers ebenfalls zu langsamer Fahrt. Der Fahrgast kann beinahe nebenher laufen und Blümchen pflücken. Auch rumpelt und rattert der Zug auf den nicht verschweißten Schienen derart lärmend und schwankend durch die Landschaft, daß viele nicht schlafen können. Und das ist ein Problem, denn ab Litauen wird es bald Nacht. So wurden im ersten Halbjahr 1997 pro Monat nur zwischen 2.200 und 3.300 Menschen befördert. Das ist zu wenig, darum ist

die Existenz des letzten alle drei baltischen Staaten durchquerenden Zuges mangels Nachfrage gefährdet.
Obwohl der „Balti" also keinen Gewinn abwirft, hat die estnische Eisenbahn das Todesurteil im Sommer doch noch einmal hinausgezögert. Zunächst hieß es, bis zum 31. August, dann wurde der 1. November anvisiert. Seither fährt der „Balti" nur noch jeden zweiten Tag. Sigurd Sepp schätzt, daß die „Balti"-Strecke irgendwann auch privatisiert wird.
Für den Reisenden, der Zeit hat, kann die Fahrt in geradezu familiärer Atmosphäre jedoch ein Erlebnis werden wie zu den Pionierzeiten der Bahn. Der Service ist einfach aber herzlich, auch im meist leeren Restaurant, das nicht teuer oder schlechter ist als ein durchschnittlicher Tallinner Imbiß. Eher kommt es aber vor, daß die Bedienung betrunken ist und vielleicht nur in der Lage, eine Bestellung auf estnisch aufzunehmen, nicht aber zu antworten. In jedem Fall verdient es Beachtung, wie eine Tasse Kaffee ohne „Fußbad" an den Tisch gelangt.
Die Zugbegleiterinnen, die es für jeden Waggon gibt, begrüßen schon am Bahnhof alle Fahrgäste einzeln, denn hier werden Tickets schon beim Einsteigen kontrolliert. „Fahren sie wieder mal mit uns?" fragt die Dame mit einem Lächeln. Die Handvoll „Balti"-Mitarbeiter fährt jeden Tag hin und her. Man kennt sich, und estnisch sprechende Reporter aus dem Ausland kommen auch nicht alle Tage. In der Regel können die Schaffnerinnen, obwohl mehrheitlich Russinnen, hinreichend gut Estnisch, oft sogar die paar Brocken Englisch oder Deutsch, um sich mit den internationalen Kunden zu verständigen. Das ist wichtig, denn im Sommer wird der Zug vor allem von Rucksacktouristen als günstige Möglichkeit geschätzt, von Polen aus quer durch das Baltikum zu reisen.
Als die alten sowjetischen Waggons sich in Øeøtokai mit einem Ruck in Bewegung setzen, blickt ein junger Mann mit dunklem Lockenkopf aufgeregt um sich. Seinen riesigen Rucksack, der ihn auf den ersten Blick als Ausländer erkennbar macht, hat er auf die Gepäckablage bugsiert. Er habe eine Schlafwagenkarte für die erste Klasse, versucht er der Schaffnerin auf englisch zu erklären. Er wurde aber in den sogenannten allgemeinen Waggon geschickt, der einzige im Zug, wo es nur Sitzmöglichkeiten gibt. Seine beiden Freunde, auch aus Australien, haben es sich inzwischen in einem Abteil bequem gemacht. Das kostet natürlich den Aufpreis für eine Platzkarte. Glücklicherweise ist ein Übersetzer anwesend, der aus Deutschland kommend auch den Chef der Crew sprechen muß um nachzulösen. Die

Angelegenheit des Globetrotters kann so schließlich auch geklärt werden. Zufrieden trottet der Australier hinter einer anderen Zugbegleiterin her. Der irische Landsmann berichtet derweil von seinen vergangenen Europareisen. Interessant sei es, aber wirklich gefallen würde ihm nur Paris, doch auch da könne er sich zu leben nicht vorstellen. Australien sei wegen des höheren Lebensstandard schon ideal. Der Student ist eben kein Europäer.
Jetzt gibt es nur noch ein Malheur. Alle paar Stunden kreuzt die Strecke in der Nacht nämlich eine Grenze. Sei es, weil Litauen und Lettland nicht mit am Verhandlungstisch um die EU Erweiterung sitzen, die Kontrollen werden ernst genommen, wenn auch die Aufforderung, den Koffer zu öffnen ebenso seltener geworden sind wie das Stempeln des Passes. Im estnischen Valga dauert die Prozedur zwar weniger lange als vor dem Schlagbaum an der Fernstraße, weil der Zoll im Zug keinen Computer hat. Trotzdem gibt es Unterschiede. Die drei Gäste aus dem fernen Einwandererstaat Australien brauchen alle trotz verschiedener Nationalitäten, einer ist Ire ein anderer Holländer und nur der dritte wirklich Australier, gleichermaßen kein Visum, nur der Deutsche.
Da der Zug Tallinn erst mittags um halb eins erreicht, bleibt glücklicherweise genügend Zeit zum Ausschlafen.

Printed by Books on Demand GmbH, Norderstedt / Germany